Essentials of Marketing Strategy

すっきりわかる マーケティング 戦略

隈本 純・村中 均

［著］

文眞堂

巻 頭 言

　マーケティング活動とは，企業が消費者の求めるモノやサービスを消費者の元に届ける行為である。この活動が成り立つためには，企業は消費者が何を求めているのかをまず知らなくてはならない。あるいは新しいモノやサービスを創り出して，消費者に向かって「これが消費者の皆さんが求めているものですよ」と呼びかけて消費者の需要を創り出していくことが必要である。消費者の需要がほぼ満たされている現代社会では，マーケティングの機能と役割は後者，すなわち消費者の需要を呼び起こして創り出すことにあるといってよい。その意味では企業は消費者の心理・行動を深く理解し，消費者の賢い行動を導き出す重要な役割を担っている。したがって，マーケティングは一般家庭の消費行動から地域社会の生産と消費の在り方，そして一国の生産と消費構造の在り方，また現在のような多国籍社会にあっては，国境を越えて進展する生産と消費の連携までをも含む人類社会の基本的な在り方に視線を向けた理論を創ることに責任がある。

　他方，我々自身の自己認識は「人類は天体の中の地球という小さな球体上に存在し，生存と進化を遂げてきた生物体であり，この球体には地理的・資源的に限界がある」という絶対的自己限界の中で，地球の果てにまで達してしまった生産と消費という連携行為を続けていかなければならない。この人類史的な連携行為の理論化と限界の緊迫化とを説明する必要性も，マーケティングの次世代を担うソーシャル・マーケティングや国際マーケティングの大きな課題になるであろう。本書がこのような世界的課題を意識しつつ，マーケティングの入門書として世に出されるのも好機といわなければならない。マーケティングを初めて学ぶ学生諸君にとって新しい知識の源となり，また日頃，企業のマーケティング部門で活動している営業担当の方々に本書が営業活動の理論的支えになってくれれば幸いである。

　本書の共著者，隈本純教授と村中均教授は国際基督教大学大学院で私のゼミナールに参加し，博士論文を上梓し，現在はそれぞれ東洋学園大学現代経営学部教授，常磐大学総合政策学部教授として大学教育と学術研究に邁進している。その2人が今回このような共著をものしたことは大きな喜びである。本書の巻頭言を記すことを依頼されて，ここに改めて2人の学者・教育者としての今後の進み方に応援を送りたい。

杏林大学客員教授・国際基督教大学名誉教授

鈴木 典比古

はしがき

　本書は，セグメンテーション，ターゲティング，ポジショニング，そして
マーケティング・ミックスという，顧客を誰にするか，そしてマーケティン
グの具体的な活動は何かということについて，すっきりと理解できることに
重点を置き，大学生そしてビジネスパーソンといった，マーケティングの初
学者向けに書かれたテキスト（教科書）である。

　市販されている初学者向けのマーケティングのテキストの多くは，マーケ
ティング・ミックス，具体的には，製品，価格，流通，販売促進といった
マーケティングの活動を中心に，解説を行っているが，マーケティングが適
用される範囲の拡大やマーケティングそのものの発展を反映し，非常に内容
が多岐にわたり（ひとつの章だけで授業科目になってしまうような内容を含
むものもある），学習するうえでの順次性や関連性を把握しづらく，テキス
トとして，分かりやすい体系性という点から乖離しているのではないかとい
う問題意識を我々は持っていた。また，章末に演習問題やディスカッション
ポイント（考えてみよう）が提示されてあっても，多くの場合，解答例がな
く，予習復習や，授業の流れの中で使用するのが難しいということを感じて
いた。そこで，初学者向けのマーケティングの基本的な内容を体系的に取り
まとめて，読者がすっきりと理解できる，さらに大学の 15 回の授業（マー
ケティングの基礎的な科目）で使用するのに，丁度よい内容のテキストとい
うことを念頭に企画・執筆したのが本書である。

　章立てとして 12 章構成としているのは，講義の説明として 12 回から 13
回分を想定し，残りの 2 回から 3 回分は事例分析を行っていただくのがよい
と考えたためである（事例分析の意義については，後に説明するコラム欄の
中の，第 1 章末コラム 1 で説明している。また事例分析に使用できる文献に
ついて，そのコラムで紹介している）。

　「すっきりわかる」と本書のタイトルに入れているが，これは，「しっかり理解できる」と同じ意味合いを意図している。このテキストの章立ては，マーケティングの実行の順番そのものとしており，順序立ててマーケティングについて理解できるようにしている。

　本書は，大学でマーケティングの研究教育を行う立場にあり，同じ，国際基督教大学・鈴木典比古研究室で学んだ両著者が，上記のような問題意識を共有し，執筆したテキストである。研究室では，恩師・鈴木典比古先生（元・国際基督教大学学長・教授，前・国際教養大学理事長・学長，現・杏林大学客員教授・国際基督教大学名誉教授）から，特に，「現象を概念的に捉える」ことの重要性についてご教授いただいた。現在は，解のない時代ともいわれている。そういった中で重要なことが，現象を概念的に捉えるということである。それができれば，ある事象の本質を見抜き，分析枠組みを構築し，問題状況の解決策の提言につなげることができる。本書は，読者が理解しやすく，さらに概念的に捉えられるようになることを意図して，説明を行っている。また，章末には，予習復習や授業の中での使用を前提とし，さらに理解を深めてもらうために，コラム欄として，架空の3名の人物を登場させ，3名の掛け合いによる，読者が解答例を確認できる演習やディスカッションポイント，事例，解説を付ける工夫を行っている。

　本書の内容構成を説明してみると，以下の通りである。

　第1章では，企業活動とはそもそも何かということから始め，企業活動におけるマーケティングの役割について説明する。そして，第2章以降の内容は，マーケティングの実行体系であり，その順番となっている。

　第2章では，企業理念・ビジョン→市場分析→企業ドメインというマーケティングの方向性の選択の流れについて説明し，マーケティングとは，誰に，何を，どのように売るのかということの具体的な活動であることを明らかにしている。

　第3章と第4章で「誰に」について，第3章では対象とする市場はどうなっているのかというセグメンテーション，第4章では市場の標的をどこにするのかというターゲティングと，自社製品の位置付けをどうするのかとい

うポジショニングの説明を行っている。

　第5章以降は，マーケティングの柱である「何を」「どのように」売るのか，すなわちマーケティング・ミックスについて説明する。「何を」については，特に，第5章と第6章の製品戦略と，第7章と第8章の価格戦略で説明され，「どのように」については，特に，第9章と第10章の流通戦略と，第11章と第12章の販売促進戦略で説明されることになる。

　あとがきでは，第5章から第12章までの内容をもとに，補論的にマーケティング・ミックスの連関性について説明を行っている。

　本書の構成について，図式化してみると，図表はしがき1のようになる。

図表はしがき1　本書の構成

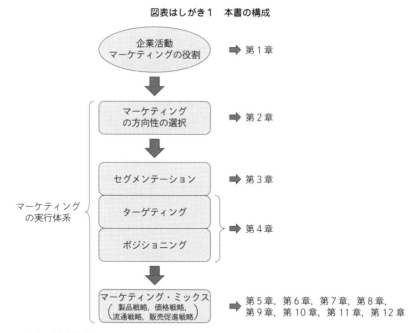

出典：筆者作成。

　本書執筆・調整に関わる作業は，全てオンラインで進められた。オンライン会議を行い，本書のコンセプトやターゲットを決定し，章立てを作成した。その後，隈本が第3章・第4章・第5章・第6章・第9章・第10章

を，村中が第1章・第2章・第7章・第8章・第11章・第12章を，それぞれ担当し執筆した。クラウドサービスを利用し，そのファイルを共有し，全ての章を2人で追記・修正を行った。執筆，追記・修正の作業を行いつつ，定期的にオンライン会議を実施し，意見交換や確認を行い，一貫性を高めるようにした。

　本書の出版企画をしていただいた文眞堂の前野隆氏，編集をしていただいた山崎勝徳氏に感謝したい。数年前より，前野氏からはマーケティングのテキストの執筆依頼をいただいていたが，新型コロナウイルス感染症の拡大の影響（特にオンライン授業対応）で，執筆が遅々として進まなかった。前野氏には，執筆の叱咤激励をいただき，著者間のオンライン会議にも出席いただき，ターゲット顧客に合った内容のテキストになるよう適切な助言をいただいた。また山崎氏には読者目線で，読みやすい，理解しやすいテキストになるよう編集していただいた。

　最後に，執筆のために協力してくれた，まだ小さな子供がいる両著者の家族に感謝したい。

　2022年12月

隈本　純
村中　均

目　　次

第1章　マーケティングとは何か *1*

コラム1 事例分析とは ………………………………………

第2章　マーケティングの方向性の選択 *14*

コラム2 SWOT 分析と PPM 分析 …………………………

第3章　セグメンテーション（市場細分化） *29*

第 12 章　販売促進戦略（2）　新たなコミュニケーション　*152*

第1章

マーケティングとは何か

マーケティングとは何であろうか？　本書では，マーケティングについて説明する前に，企業活動そのものについての説明を行う。企業活動の大枠を理解することは，マーケティングとは何かということを考えるうえで「基本」となる。

1-1）　企業活動とは

約400万の数の企業が，日本には存在しているといわれている。その中には誰でも名前を聞いたことのあるパナソニックやホンダのような世界で活躍する大企業もあれば，町中の商店や工場といった企業があり，それらは日々経済活動を行っている。では，そのような企業は何のために日々の活動を行っているのであろうか。それは利益（利潤）を得るためである。ではこの利益を得るとは，いったいどういうことであろうか。まず，このことを説明してみよう。

例えば，原材料を100円で購入し（インプットし），それを加工し，製品（サービスを含む。サービスとは，物的な形をとらない活動や機能のことである）として生産し（アウトプットし），それが300円で売れたのであれば，200円の価値が新たに生まれたこと（売価－原材料費）になる。これを「付加価値」という。企業の活動とは，付加価値を生み出す（創出する）ことであり，顧客（消費者）は付加価値としての製品に対価を支払っているのであり，その結果企業は「利益」を得る。

図表1-1　ゴーイング・コンサーン

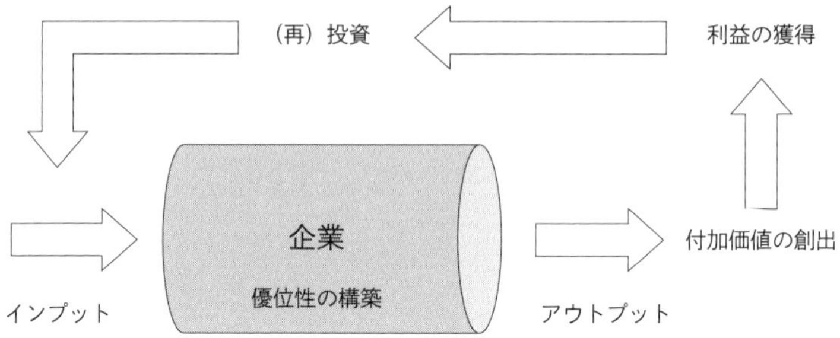

出典：筆者作成。

　そして，企業は得た利益を，工場設備の拡大や人員増加等，さらなる活動に「（再）投資」し，新たな付加価値を創出しようとする。このような一連の流れを「ゴーイング・コンサーン」（企業の持続的成長）と呼ぶ（図表1-1参照）。

　ここで，付加価値を生み出す際の，企業活動の置かれている状況がどうなっているのかということを考えてみたい。

　ある企業のある製品が世の中にひとつしかなく，競合企業（競合他社，競争相手）が存在しない場合，独占と呼ばれ，利益を独り占めすることができる。また，競合企業が数社しかいない場合（一般的には上位4社で40％以上の市場占有率がある状況）を寡占と呼ぶ。例えば日本では，たばこ業界は独占状況（JTのみ），自動車業界（トヨタ，ホンダ，日産）や携帯電話キャリア業界（NTTドコモ，ソフトバンク，KDDI）は寡占状況にある。

　そういった状況から，同じような製品を提供する企業が多く登場すれば，競争状況になる。企業活動では，競争状況が前提であり，この場合，競合企業との「違い」すなわち「優位性」を生み出すことが必要になってくる（図表1-1の中の優位性の構築）。競合企業に優る，「独自性のある付加価値」を生み出さなければ競争に勝つことはできない。実は，企業は競争があるからこそ，様々な創意工夫を行い，持続的に成長しようとする。また企業が競争を通じて，付加価値を創出していくことは，我々消費者（顧客）という立場からすると，同じような機能を持った様々な製品が企業によって提供され，

選択肢が増えるという意味で，社会がより豊かになることにもつながっている。

　以上のことから，企業活動においては持続性そして優位性の構築が重要となることが分かる。こうした持続的な優位性を構築するために，ヒト，モノ，カネ，情報といった「経営資源」（図表1-1の中のインプット）を適切に配分することが必要となる。その経営資源の適切な配分を行うためには，環境（状況）に適応し，さらに環境そのものの創造につながる，長期的な方針や計画となる戦略が必要となる。本書では，こうした戦略的な論理を踏まえたマーケティングの実行体系，すなわちマーケティング戦略について学ぶ。それでは次に，マーケティングとは何かについて説明してみよう。

1-2）　マーケティングの視点

　先ほど説明したように，どの企業も，顧客に製品を購入してもらい，その対価として利益を得る。このことをさらに丁寧に見てみよう。製品を購入するという部分は，日々我々は消費者（顧客）として経験していることである。企業が生産した製品を，我々はお金を支払い，購入している。企業から見れば，販売（売ること）であり，顧客から見れば消費（買うこと）である。これらのことは，モノの売り買いのことであり，「市場」（マーケット）といわれている（図表1-2参照）。市場とは，売り手である企業と買い手である顧客の集合体を意味している。

　ここで，我々が普段の買い物をするときのことを考えてみると，出発点として，欲求があるはずである。欲求は，具体的にはニーズ，ウォンツ，ディマンズの3つに分類される。それぞれ簡潔に説明すると，ニーズとは，人間が欠乏を感じている状態，すなわち人間が生活するうえで必要なある充足状況が奪われている状態のことであり，ウォンツとは，ニーズを満たす特定のものであり，ディマンズ（需要）とは，購買の意思と能力に裏付けされた，特定のもの（すなわち，ウォンツ）のことをいう。これら3つを広義に捉え，ニーズと呼んだりもする。

図表 1-2　市場

出典：筆者作成。

　企業活動とは付加価値の創出のための活動であると説明した。しかし，いくら素晴らしい製品を提供していても，顧客がその存在を知らず，その価値が正しく伝わっていなければ思うように売上は上がらない。そこで，顧客に対して，自社の製品の価値を認知してもらい，容易に入手することを整える，さらにいうと売り買いを成立させなくてはならない。マーケティングは，英語で Marketing と書き，これは Market（マーケット：市場）＋ ing からなり，日本語で「市場を創っていく活動」ということを意味している。したがって，売り買いを成立させることがマーケティングの役割となる。

　これらのことから，マーケティングとは，顧客の視点に立って，自社の製品が「売れる仕組み」を構築することであるといえよう。マーケティングという言葉を聞くと，PR とか広告あるいは顧客調査といった活動を思い浮かべる人がいるかもしれないが，マーケティングとはそうしたものに限定されず，顧客と企業の間を媒介すること全てを含んだ，企業の中核となる活動として捉える必要がある。マーケティングとは，競合企業との違い（優位性）を生み出すことを前提とし，企業が顧客の満たされていないニーズを発見し，それに適合した製品を開発し，提供していく（売っていく）ことである。さらに，マーケティングは，単に利益を追求する企業だけに限らず，利益の追求そのものが目的ではない組織（例えば，学校や病院，寺や政府など）においても，対象とする人が必要とするものを提供しなくてはならず，あらゆる組織の核となる活動といえる。

　マーケティングは，お腹がすいた，喉が渇いたといったニーズそのものを創造することはできないが，食べ物が欲しい，飲み物が欲しいというウォン

ツに応え，実際にそれを購入することができる人の需要に応える。したがって，製品とはニーズ（ウォンツを含む）を満たしうると考えられるあらゆるものとなる。

　顧客は，ニーズがあるから製品を購入する。そしてニーズを満たしてもらうことで満足する。顧客は購入する際に，このくらいニーズを満たしてくれるだろうと期待を抱いており，期待より大きな成果（成果＞期待）を得れば満足し，期待を下回る成果（成果＜期待）しか得られなければ不満足に陥ることになる。

　以上のことから，マーケティングの役割は，売り買いを成立させ，消費者（顧客）に満足してもらうことであり，そのことで企業は利益を得ることが可能となる（図表1-3参照）。満足した顧客の忠誠心（ロイヤルティ）は高まり，再度購入してくれる可能性が高くなる。このことは，顧客の満足が，企業の持続的成長すなわちゴーイング・コンサーンに貢献してくれることを意味する。ゴーイング・コンサーンを保証するために，マーケティングは存在するといえよう。

図表1-3　マーケティングの役割

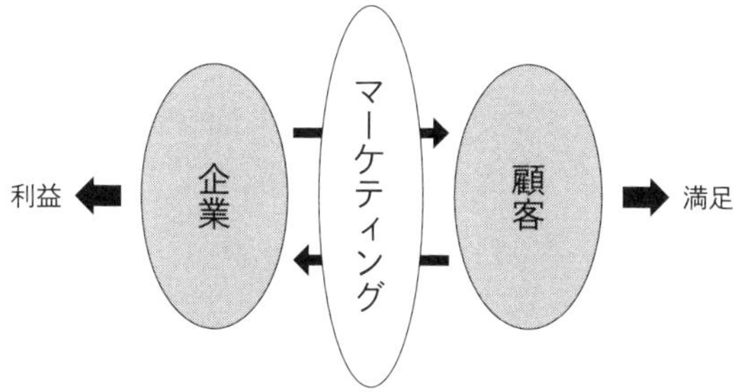

出典：筆者作成。

1-3）　マーケティング・コンセプトの歴史的進化

　ここまで，マーケティングについての考え方の説明を行ってきた。マーケティングという言葉がアメリカで誕生してから100年以上経ち，日本に導入

されたのが約70年前になる。1-2)節で説明したように，マーケティングの目的が顧客の満足の獲得であるという考え方は，以前からあったわけではない。マーケティングの考え方は，現在でも進化し続けている。企業の市場に対する考え方や，その接近の方法を，「マーケティング・コンセプト」と呼び，本節ではその進展について説明してみよう。

　プロダクトアウト型からマーケットイン型への進展と大きく分類できるが，どのようなマーケティング・コンセプトが登場してきているのか，時間軸に沿って説明していく。

1-3-1)　プロダクトアウト型のマーケティング・コンセプト

①　製品志向

　需要に供給が追いつかない，売り手市場（需要＞供給）時代に出てきたマーケティング・コンセプトである。消費者とは無関係な状況で，企業が何を作れるのか，あるいは何を作りたいのか，すなわち製品作りに重きを置いたコンセプトである。消費者は，モノ（供給）不足経済であるため，まずモノを所有することが重要であった。

②　販売志向

　製品志向を追い求めたことで，モノは普及し市場は飽和状態となり，経済が充足する。買い手市場（需要＜供給）時代に出てきたマーケティング・コンセプトである。製品の販売不振が起きたり，過剰在庫の抱え込みが生じることで，消費者に対して攻撃的な接近をすることが中心テーマとなる。消費者に対して様々な広告をうち，製品を売り込むための販売部隊の編制等，販売促進を行うことが中心となる。

　これら製品志向と販売志向のマーケティング・コンセプトは，企業の都合が優先され，自社の製品を一方的に作り出したり，押し出すことから「プロダクトアウト型のマーケティング・コンセプト」と呼ばれる。

1-3-2）　マーケットイン型のマーケティング・コンセプト

③　顧客志向

　このコンセプトは，これまでの製品志向や販売志向といったプロダクトアウト型とは対照的に，顧客のニーズを明らかにし，競合企業よりも効率的そして効果的に供給していくことが重要と考える。出発点を，まず「顧客」とする点でそれまでのマーケティング・コンセプトから大きく変化しており，現代マーケティングの中心的な考え方となっている。これ以降のマーケティング・コンセプトは，顧客を重視する「マーケットイン型のマーケティング・コンセプト」と呼ばれる。

④　関係性志向

　このコンセプトは，顧客志向の考えを前提に，さらに顧客との長期的，継続的かつ双方向の関係性（リレーションシップ）を重視したものであり，ワン・トゥ・ワン（One to One）マーケティングと呼ばれるものが代表的な考え方のひとつである。市場が多様化し，顧客のニーズが非常に把握しにくい中では，画一的な対応ではなく，顧客一人ひとりに合わせたマーケティングの実施が重要となる。ICT（Information and Communication Technology：情報通信技術）の発展を背景にした，「個客」に向けたマーケティングの考え方のことで，顧客一人ひとりの嗜好や購買履歴を分析し，最適な製品を最適なタイミングで開発・提供していくことになる。

⑤　社会志向

　企業が顧客の視点に立ち，社会を構成する一員として，温暖化や自然環境汚染といった環境問題やエネルギー問題，経済格差の問題等，社会が直面している問題を考えた製品を開発・提供し，得た利益を社会に還元するといった，社会的な役割を果たしていこうとするマーケティング・コンセプトである。顧客満足と社会の長期的な利益を同時に追求し，企業の成長と社会の成長を同等のものと捉える。顧客のニーズに応え，社会の幸福（福祉）の向上に貢献し，企業自らも利益を得ていくことを目的とする。企業の利益＝顧客

の満足＝社会の利益という関係を実現していこうとする考え方といえる。細かくは，社会責任のマーケティング（安全性，環境対応，情報公開）と社会貢献のマーケティング（メセナ：文化芸術の支援，フィランソロピー：奉仕活動と寄付活動）に分類できる。

⑥　自己実現志向

　顧客の自己実現を支援したり，促進したりする製品（サービスを含む）を開発・提供していくマーケティング・コンセプトのことである。背景としては，ICT の発展，この場合，ソーシャルメディアの普及による情報発信すなわち自己表現の機会が急激に増加したことが挙げられる。ソーシャルメディアを利用した顧客の体験や感動の共有によって，顧客間での共感を生み出すことが鍵となる。

　以上のことから，製品志向，販売志向，顧客志向，関係性志向，社会志向，自己実現志向というようにマーケティング・コンセプトが進展してきているのが分かる。日本にマーケティングが導入されたのが，約70年前ということもあり，おおよそではあるが，日本では，製品志向は1960年代，販売志向は1970年代，顧客志向は1980年代，関係性志向は1990年代，社会志向は2000年代，自己実現志向は2010年代以降というように進展してきている。

1-4）　マーケティングの企業内での位置変化

　マーケティング・コンセプトの変遷に伴い，企業内での職種（活動）としてのマーケティングの位置付けも変化している。ここでは，企業には製造，財務，人事，マーケティングの職種があることを前提として，役割に対する見方がどう変化しているかということについて，説明を行いたい。

　マーケティングの位置付けの変化を示した図表1-4を見てみよう。aは，マーケティングは社内の諸活動と同じ程度に重要と考える。これは製品志向

図表1-4　マーケティングの位置付けの変化

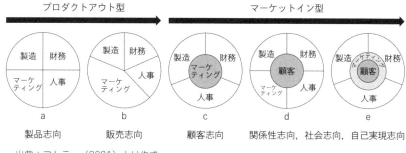

出典：コトラー（2001）より作成。

のマーケティング・コンセプトの段階におけるマーケティングの位置付けといえる。

　bは，マーケティングは他の活動より重要と見なす。これは販売志向のマーケティング・コンセプトの段階におけるマーケティングの位置付けといえる。

　cは，顧客なしにビジネスは成り立たず，マーケティングこそ主要な活動であり，それ以外はマーケティングを支援するものと考える。これは顧客志向のマーケティング・コンセプトの段階におけるマーケティングの位置付けといえる。

　dは，顧客が企業全体をコントロールする。「顧客中心」を掲げている。

　eは，顧客ニーズを正しく解釈し，効率的そして効果的に満足させられるよう企業の中でマーケティングが中心的な役割を担う。関係性志向や社会志向さらに自己実現志向のマーケティング・コンセプトの段階では，これら，dやeがマーケティングの位置付けといえる。

　1-3)節，マーケティング・コンセプトの歴史的進化で説明したように，a，bはプロダクトアウト型のマーケティング・コンセプトを反映し，c，d，eはマーケットイン型のマーケティング・コンセプトを反映している。

コラム欄について

　本書では，本章を含む各章末尾に，コラムを設けている。コラムでは，3名の人物を登場させ，各章の内容を踏まえた演習や事例による説明，ディスカッションポイントの提示や解説を行っている。

　それでは，コラムに登場する架空の3名の人物を紹介しておこう。

隈村先生：マーケティング戦略担当の大学教員

ジョージ：温厚篤実な大学1年生

あやか　：天真爛漫な大学1年生

　3名の軽妙な掛け合いによるコラムによって，各章の理解を深めていただきたい。

コラム1 （解説）事例分析とは

 ジョージ：

そういえば，こないだのマーケティング戦略の授業で，隈村先生が，授業の中で事例分析をときどき行うっていってたけど，「事例分析」って何のことだろう？

 あやか：

うーん，よく分からないね。早速，隈村先生に解説してもらおうよ。隈村先生，解説よろしくお願いします。

 隈村先生：

それでは，事例分析とは何か，その意義について説明したいと思います。　マーケティングを含む経営学の授業の中では，事例分析を行うことが多々あります。事例とは，現実の企業が置かれている，ある状況について書かれている資料のことです。場合によっては映像資料であることもあります。それを読み（視聴し），なぜそのような状況にあるのか，今後どうすればよいのか等について分析を行うことを事例分析といいます。事例のことをケースということもあり，事例分析をケース分析といったりもします。

大学の授業の中で行われる事例分析は，授業を通して「知っている」（あるいは知った）理論や分析方法を用いて分析することで，実際にそれらを「使える」ようになることを目的としています。事例という現実の企業の状況に仮想的に身を置き，その状況を解決できる実践的な能力を獲得するための練習のことといえるでしょう（図表コラム 1-1 参照）。

もちろん，事例分析を通して，新たな理論を導くこともありますが，基本的に授業で行う事例分析は，それを通じて，理論や分析方法についての

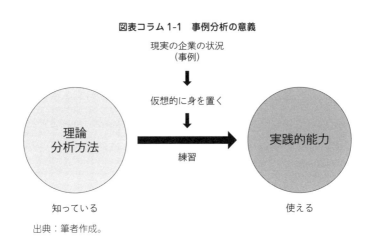

図表コラム 1-1 事例分析の意義

現実の企業の状況
（事例）

↓

仮想的に身を置く

↓

練習

理論
分析方法

実践的能力

知っている 使える

出典：筆者作成。

理解を深めてもらうために行うものです。

　事例分析に使用できる文献を一覧として下記に紹介しておくので参考にしてください。

 ジョージ：

　なるほど。事例分析は，例えば，数学における公式を覚えた後の練習問題と同じようなものということですね。

 あやか：

　何事も練習が必要ってことですね。

事例分析に使用できる文献紹介（発行年順）

1. 栗木契・余田拓郎・清水信年編（2006）『売れる仕掛けはこうしてつくる』日本経済新聞出版社。
   セグメンテーション・ターゲティング・ポジショニング，マーケティング・ミックスの内容別の事例集。各事例は比較的短い。設問はないので，自分（教員）で作成する必要がある。事例には解説が含まれている。

2. 青木幸弘編（2015）『ケースに学ぶマーケティング』有斐閣。
　　1.同様，セグメンテーション・ターゲティング・ポジショニング，マーケティング・ミックスの内容を理解できる企業・ブランド事例で構成。各事例は比較的短い。事例紹介と理論背景に加え，各章に設問と文献ガイドがある。

3. 池尾恭一（2015）『マーケティング・ケーススタディ』碩学舎。
　　マーケティング・ミックスの内容別の事例集。各事例は比較的短く，設問がある。事例分析の具体的な進め方の紹介がある。

4. 池尾恭一編（2021）『ポストコロナのマーケティング・ケーススタディ』碩学舎。
　　電子商取引やソーシャルメディア，サブスクリプションといった本書でも扱っている最新のマーケティングのトピックの事例集。各事例は比較的短く，設問がある。事例分析の具体的な進め方の紹介がある。

第2章

マーケティングの方向性の選択

　第1章では企業活動とは何か，そして，その中のマーケティングとは何か，またその役割について説明してきた。

　第2章以降では，マーケティングの実行体系，すなわちマーケティング戦略について，順序立てて説明を行っていく。マーケティングを実行する際の最初の段階は，マーケティングの方向性を選択することである。効率的かつ効果的なマーケティングを行うためには，一貫した段階を踏んでいく必要があり，第2章では，マーケティングの方向性を決めていく，企業理念とビジョン，市場分析（SWOT分析，成長ベクトル分析，PPM分析），企業ドメインという流れについて説明を行うこととする（図表2-1参照）。

図表 2-1　マーケティングの方向性の選択の段階

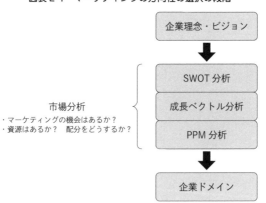

出典：筆者作成。

2-1）　企業理念とビジョン

　企業は社会の中に存在し，活動しており，存在意義があるはずである。企業理念とは，この企業はなぜ存在するのか，何をしたいのか，何をするべきかという基本的な考え方であり，これは企業の活動の原点となるものである。つまり，企業活動の最上位に位置付けられる経営の基本思想（経営哲学ということもある）のことである。現在では，より社会的な側面を重視し，パーパスと呼ばれるものである。

　例えば，パナソニック（旧・松下電器産業，1918年創業）の企業理念は，創業者である松下幸之助が示した水道哲学があり，廉価で質のよい製品を水道水のように（潤沢に）提供するという内容のものであった。また，ホンダ（本田技研工業，1948年創業）の企業理念は，世界的視野に立ち，顧客の要請に応えて，性能の優れた，廉価な製品を生産するという内容のものであり，創業者である本田宗一郎が示した，社是となっている。これにより，日本企業としては比較的早い海外展開（1952年，海外への製品輸出）へつながったといわれている。

　企業理念は漠然としていたり，抽象的なものである場合が多く，企業理念をより具体的にしたものが企業のビジョンであり，将来展望あるいは中長期的目標を示したものである。例えば，パナソニックは，2016年に「技術10年ビジョン」を定め，IoT／ロボティクス（人工知能，センサー），エネルギー（蓄電，水素）の研究開発に注力していくことを示している。また，ホンダは，2017年に「2030年ビジョン」を定め，喜びの創造（モビリティ，ロボティクス，エネルギーの分野に注力），喜びの拡大（多様な社会と個人への対応），喜びを次世代へ（クリーンで安全で安心な社会の実現）といった取り組みの方向性を示している。

　企業は，企業理念とビジョンを示すことによって，その存在や方向性を，株主，従業員や取引先さらに顧客といったステークホルダー（利害関係者）と共有することが可能となる。特に従業員に対しては，企業理念とビジョンによって，企業の活動をひとつの方向にまとめ，大きな成果を上げること

を可能とするのである。第1章で説明したように，企業活動とは持続的に成長していくゴーイング・コンサーンであり，その活動の方向性を示したものが，企業理念とビジョンなのである。

2-2)　市場分析

　企業理念とビジョンを達成するために，企業は活動の場である市場を分析しなくてはならない。そこで，市場を分析し，マーケティングの機会があるか，そのための資源はあるのか，あるいはそれらがないのか，また資源配分をどうすればよいのかといったことを明らかにする必要がある。ここでは，SWOT分析，成長ベクトル分析，そしてPPM分析を取り上げて説明を行う。

2-2-1)　SWOT分析

　SWOT分析とは，特に，自社の優位性を生み出す可能性に着目し，環境を整理する分析枠組みのことである。SWOTとは，強み（Strength），弱み（Weakness），機会（Opportunity），脅威（Threat）の英語の4つの頭文字からなる。

　具体的には，自社を取り巻く外部環境を観察し，市場における機会と脅威を整理する。外部環境は，マクロ環境とミクロ環境の2つに分類することができる。マクロ環境では，自然環境，政治（Politics）・経済（Economy）・社会（Society）・技術（Technology）状況（これらをまとめてPEST分析と呼んだりする）を分析する。ミクロ環境とは，顧客や競合企業の状況のことである。顧客の状況とは，市場の規模や成長性，そして顧客のニーズを分析することである。そして競合企業の状況とは，業界の市場占有率（マーケットシェア）がトップのリーダー，2番手のチャレンジャー（マーケットシェア拡大），2番手以下のフォロワー（マーケットシェア維持），あるいは他の企業が追求しない小さな市場（すき間市場）を狙うニッチャーなどの動向を分析することである。顧客の状況と競合企業の状況に加えて，さらに新

規参入企業や供給業者（原材料や部品の供給）そして代替品の5つの状況を分析する，ポーターがいう，5フォース分析を行えば，ミクロ環境の分析はさらに精緻化されることになる。

　そして，次に内部環境すなわち競合企業との関係を踏まえて自社を分析し，自社の強みと弱みを整理する。ここでは強み，特にコア・コンピタンスとも呼ばれる，他社が模倣しにくく，多面的に利用でき，さらに顧客の満足につながる独自性のある能力，経営資源を評価していくことが重要となる。また弱みは，企業にとっての将来的な課題を示していることを認識する必要がある。

　SWOT分析では，それらを当該企業に対してプラスの影響を与えるS（強み）とO（機会），マイナスの影響を与えるW（弱み）とT（脅威）とに区分したマトリクスを作成し，それぞれ具体的にどういう状況にあるのかを，実際に書き出し，整理する。これをSWOT分析第1段階という（図表2-2参照）。

図表2-2　SWOT分析第1段階

	プラスの影響	マイナスの影響
内部環境	S（強み）	W（弱み）
外部環境	O（機会）	T（脅威）

出典：筆者作成。

　第1段階で整理した，SとWとOとTをもとに，プラスの影響を与えるSとOは活かし，マイナスの影響を与えるWとTは最小化するようにすれば，SO戦略（強みを活かし，機会を活かす），ST戦略（強みを活かし，脅威を最小化する），WO戦略（弱みを最小化し，機会を活かす），WT戦略（弱みを最小化し，脅威を最小化する）を考えることができる。これをSWOT分析第2段階という（図表2-3参照）。

図表2-3 SWOT分析第2段階

	強み	弱み
	S	W

第1段階で書き出したOとTを記載 → （内部環境・外部環境／機会O・脅威T）

第1段階で書き出したSとWを記載 →

		強み S	弱み W
機会	O	SO戦略 強みを活かし， 機会を活かす	WO戦略 弱みを最小化し， 機会を活かす
脅威	T	ST戦略 強みを活かし， 脅威を最小化する	WT戦略 弱みを最小化し， 脅威を最小化する

出典：筆者作成。

以上のSWOT分析によって優位性構築のためにどうすればよいのか，マーケティング機会があるのかないのかについて認識できるようになる（本章末コラム2で，SWOT分析の演習問題を用意しているので，実際にSWOT分析を行ってほしい）。

　マーケティングの機会を検討する際には，次に説明する成長ベクトル分析も参考になる。

2-2-2）　成長ベクトル分析

　企業の対象とする市場，具体的には既存市場か新市場か，また提供する製品，具体的には既存製品か新製品かという2つの軸から，企業の成長ベクトルについて分析することができる。図表2-4を見ながらこのことを説明してみよう。

　1つ目は既存製品を既存市場に提供する場合である。これは市場浸透戦略という成長ベクトルを意味している。例えば，製品の低価格化や販売促進の強化によって，顧客層を拡大させたり，顧客の購買回数を増加させることが考えられる。

　2つ目は既存製品を新市場に提供する場合である。これは市場拡大戦略と

いう成長ベクトルを意味している。この基本的なものは，国内で販売していた製品を，これまで販売していなかった海外の市場で販売を開始すること，すなわち国際化を目指すことである。

　3つ目は新製品を既存市場に提供する場合である。新製品開発戦略という成長ベクトルを意味している。新たな特徴を追加したり，バリエーションを追加したり，品質を変更した製品，そして新製品によって，利用者を増加させたり，買い替えを促したりすることである。

　4つ目は新製品を新市場に提供する場合である。これは多角化戦略という成長ベクトルを意味しており，これまでとは異なる事業活動を行うことである。既存製品さらに既存市場をもとにしていないベクトルであるため，高い危険性（リスク）が生じることになる。

図表 2-4　成長ベクトル分析

製品／市場	既存製品	新製品
既存市場	市場浸透戦略	新製品開発戦略
新市場	市場拡大戦略	多角化戦略

出典：アンソフ（1969）より作成。

2-2-3）　PPM（Product Portfolio Management）分析

　企業は，限りある経営資源をどこに配分すればリスクを最小化し利益を最大化することができるのか，判断しなくてはならない。資源配分を考える際に参考になるのが，PPM（プロダクト・ポートフォリオ・マネジメント）分析である。ポートフォリオとは，資源配分の意思決定のことを意味している。PPM分析は，1970年代に，コンサルティング企業のボストン・コンサルティング・グループ（BCG）によって開発されたものである。

　PPM分析では，具体的には，製品（あるいは事業）の魅力度と競争上の優位性を製品ごとに評価する。

　製品の魅力度とは，具体的には市場の成長率のことである。市場の成長率とは，市場（この場合，ある業界全体の売上高）の年率の成長率を示し，10％以上の成長率は高成長といえる。市場の成長率は，具体的には，増減値（当期売上高－前期売上高）÷基準値（前期売上高）× 100（％）で求める。市場の成長率が高い場合，競争は激しく，設備や流通への投資等に多くの資金が必要で，それは，資金の流出が大きいことを意味している。逆に市場の成長率が低い場合は，資金の流出は小さくなる。

　また，競争上の優位性とは，相対的マーケットシェアのことで，市場のリーダー企業のマーケットシェアを 1.0 とした場合の自社のマーケットシェアを示す。マーケットシェアとは市場占有率のことである。相対的マーケットシェアは，具体的には，自社のマーケットシェア÷自社を除く業界トップ（リーダー）のマーケットシェアで求めることができる。相対的マーケットシェアが 0.1 とはその製品の売上がリーダーの 1 割しかないということである。例えば，自社が業界 1 位で 30％のシェア，2 位の企業が 20％のシェアであれば，自社の相対的マーケットシェアは 1.5（30％÷ 20％）になる。相対的マーケットシェアの高低は 1.0 を基準とし，相対的マーケットシェアが高い場合は，それは，売上が大きく，資金の流入が大きいことを意味している。逆に相対的マーケットシェアが低い場合は，資金の流入は小さくなる。

　以上のことから，資金（キャッシュ）を生み出す製品と資金が必要な製品を区分し，明らかにしようとするのが PPM 分析といえよう（本章末コラム 2 で，PPM 分析の演習問題を用意しているので，実際に PPM 分析を行ってほしい）。

　それでは，PPM 分析上の 4 つの区分について，図表 2-5 をもとに説明してみよう。

　問題児（Question Mark）は，相対的マーケットシェアが低く，資金流入は小さいが，市場成長率が高く，資金流出は大きくなる。

　花形（Star）は，相対的マーケットシェアが高く，資金流入は大きいが，市場成長率も高く，資金流出も大きくなる。大きな資金の獲得は期待できないが，これを将来の「金のなる木」に育てなくてはならない。

図表 2-5　PPM 分析

出典：コトラー（2001）より作成。

　金のなる木（Cash Cow）は，相対的マーケットシェアが高く，資金の流入が大きいが，市場成長率が低く，資金流出は小さい。したがって潤沢な資金の獲得を期待できる。

　負け犬（Dog）は，相対的マーケットシェアも市場成長率も低い。すなわち資金の流入も資金の流出も小さく，成功する見込みが低いと判断できる。

　次に，それらの PPM 分析上の製品の位置付けから導き出すことができる 4 つの資源配分の基本戦略を説明してみよう。

　まず短期的な利益を犠牲にして，資源を投入し，マーケットシェアの拡大を図る育成戦略である。これは問題児に適した戦略であり，問題児を花形に移行させる。また弱い（市場地位が低い，つまり相対的マーケットシェアが低く，象限内の右側に位置する）花形にも適した戦略である。次に，マーケットシェアを維持するための資源配分にとどめる維持戦略である。これは強い（市場地位が高い，つまり相対的マーケットシェアが高く，象限内の左側に位置する）花形や強い金のなる木に適した戦略である。そして，資源の投入を控え，短期的な資金の増大を図る収穫戦略である。これは弱い金のなる木や比較的強い負け犬に適した戦略である。最後に，事業の売却や清算を行い，資源を他に回す撤退戦略であり，これは弱い負け犬や弱い問題児に適した戦略である。

　上記の 4 つの戦略によって，多くの製品は，問題児→花形→金のなる木→負け犬という段階（ある意味でこれは理想型）を経ていくことになる。これ

図表2-6 製品ライフサイクル（PPM分析上）

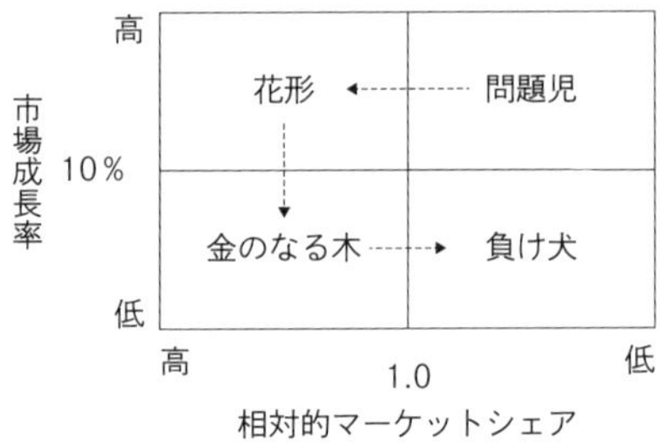

出典：コトラー（2001）より作成。

を製品ライフサイクルと呼ぶことができる（図表2-6参照）。ライフサイクルとは一生ということであり，製品にも一生があるということを意味している。詳細は，第5章で説明するが，製品ライフサイクルといった場合，横軸に時間を，縦軸に売上高をとれば，導入期（PPM分析上では問題児）→成長期（花形）→成熟期（金のなる木）→衰退期（負け犬）と経ていくことになる。

2-3）企業ドメイン

　以上の市場分析によって，企業理念やビジョンをより詳細にした企業の事業領域である企業ドメインが設定されることになる。企業の事業の範囲ということであり，現在そして未来の企業活動の範囲を規定していくものといえる。マーケティングでは，「誰に」「何を」「どのように」という3つの視点から企業ドメインが確定されることになる。

　具体的には，外部環境を分析し，どういうニーズがあるか，そのニーズを持った顧客を決め（誰に），その顧客に対して，内部環境である自社の独自能力・経営資源を適応させ，ニーズに合った製品（何を）を作り，提供するか（どのように）ということである。例えば，マクドナルドは，若者や家族に向けて，低価格のハンバーガーを，待たせることなくすばやく提供するというのが企業ドメインであろうし，モスバーガーは，若者や家族に向けて，

図表2-7　企業ドメイン

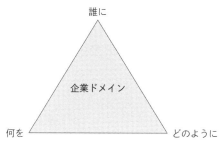

出典：筆者作成。

材料にこだわった比較的価格が高いハンバーガーを，注文が入ってから提供するというのが企業ドメインになろう。

　以上のことから，企業ドメインを図示すると図表2-7のように描くことができる。

　これまで説明したように，企業理念とビジョン，市場分析（SWOT分析，成長ベクトル分析，PPM分析），企業ドメインという段階を経て，マーケティングの方向性が明らかになる。マーケティングでは，企業ドメインで明らかになった，「誰に」（who），「何を」（what），「どのように」（how）売る（提供する）のかということを，さらに具体的に実施していくことが，次に必要になってくる。

　企業が，有限である経営資源を効率的かつ効果的に利用するためには，市場の中にどういうニーズを持った人々がいて，提供していく製品（あるいはサービス）の対象としていくのかを選択していく必要がある。

　そこで，第3章と第4章で，「誰に」を，より掘り下げた，具体的なマーケティングの活動の段階であるセグメンテーション（第3章），ターゲティングそしてポジショニング（第4章）を説明していくこととする。ちなみに，セグメンテーション（Segmentation），ターゲティング（Targeting），ポジショニング（Positioning）の流れを，それぞれの英語の頭文字を取り，STPと呼ぶ。

（演習）
SWOT 分析と PPM 分析

 隈村先生：

　第2章で学んだ，① SWOT 分析と② PPM 分析の演習を行ってみたいと思います。それぞれ問題を提示しますので，解答してください。

　解答後には，解答例を提示しますので，確認してみてください。

① SWOT 分析の演習

　問題：

　SWOT 分析の第1段階は以下のように整理できたとする。

　S…小売企業で地方郊外に多くの店舗（2000 店舗）があり，低価格で多様な製品がある。

　W…製品は卸売から仕入れ販売しており，核となる製品（独自企画製品）があまりなく，インターネット通販を導入しておらず，在庫管理の電子化が進んでなく，店頭に実際の製品がない場合はカタログ注文発注となる（→コスト高，作業量増大）。

　O…インターネット通販の利用者が増加している。

　T…節約志向になる可能性がある。

　上記の SWOT 分析の第1段階の情報をもとに，第2段階の4つの戦略（SO 戦略，ST 戦略，WO 戦略，WT 戦略）について，それぞれ具体的に説明してみよう。

 あやか：

　SO 戦略は強みを活かし機会を活かす戦略，ST 戦略は強みを活かし脅威を最小化する戦略，WO 戦略は弱みを最小化し機会を活かす戦略，WT 戦略は弱みを最小化し脅威を最小化する戦略よね。4つの戦略は言葉では分かるし，その中の「活かす」というのも分かるけど，「最小化」とい

うのが難しいね。「最小化」という言葉のある ST 戦略と WO 戦略さらに WT 戦略は，どう考えたらいいのかな？

　ジョージ：

外部環境（O と T）は自社のコントロールが難しい場合が多いけど，内部環境（S と W）は自社のことだからコントロールでき，これをどうするのかというのが「最小化」を考える際の鍵になりそうだね。

例えば，ST 戦略の場合は，脅威を切り抜けるために強みを利用するということになり，WO 戦略の場合は，機会を活かすために弱みにどのような対策をするのか，WT 戦略の場合は，脅威を切り抜けるために弱みにどのような対策をするのかということじゃないかな？

　隈村先生：

ジョージくんの考え方は適切ですね。その考え方で具体的に説明してみてください。

解答例：
上記の状況は，衣料品の小売企業である，しまむらの 2017 年の状況を示していた。実際に行われたことも踏まえて，SWOT 分析第 2 段階の 4 つの戦略の解答例を示すと以下のようになる。

SO 戦略…インターネット通販と店舗による販売を連動させる（これをクリック＆モルタル型あるいはクロスチャネルの仕組み作りという）。
　　　→実際に，2019 年には「しまコレ」アプリが発表され，スマホ注文＋店頭受取りが可能となった（2020 年には「しまコレ」アプリは終了し，自宅への配送も可能な「しまむらオンラインストア」に移行）。
ST 戦略…手頃な価格（低価格）をアピールし，客数を増加させる。
WO 戦略…インターネット通販参入によって，在庫管理を電子化し（IC タグ導入等），店舗運営に関わる作業の簡素化を図る。

　　WT戦略…独自（自社）企画製品（プライベートブランド：PB）の拡充。
　　→自社製品（例：素肌涼やかデニム＆パンツ，裏地あったかパンツ等）
　　　であれば，自社で価格を決定できる余地が大きく，これにより，節
　　　約志向の中で利益を得ていく。

② 　PPM分析の演習
　問題：
　「おにぎり」業界にA社，B社，C社があるとする。2021年の業界全
体の売上高は1億円で，2022年の業界全体の売上高は1億1200万円
である。2022年の業界のマーケットシェア（市場占有率）は，A社が
50％，B社が30％，C社が20％である。
　またA社は，おにぎりだけではなく「お茶ペットボトル飲料」も生産
している。お茶ペットボトル飲料業界にはA社だけでなく，X社，Y社
がある。2021年のお茶ペットボトル飲料業界全体の売上高は1億円で，
2022年の業界全体の売上高は1億500万円である。そして2022年の
業界のマーケットシェアは，A社が30％，X社が40％，Y社が30％で
ある。
　上記の情報をもとに2022年のA社の「おにぎり」と「お茶ペットボト
ル飲料」のPPM分析を行い（市場成長率，相対的マーケットシェア，売
上高を求めなさい），図示しなさい。解として数値を求める場合，必要で
あれば四捨五入して小数点第1位まで求めなさい。

 ジョージ：

　市場成長率は，増減値÷基準値×100（％）で求めることができるね。
相対的マーケットシェアは，自社マーケットシェア÷自社を除く業界トッ
プのマーケットシェアで求めることができるよね。

 あやか：

　業界全体の売上高が分かっていれば，それに自社のマーケットシェアを

掛ければ，自社の売上高を求めることができるよね。

　隈村先生：

　2人とも，十分理解できていますね。少し補足をすると，PPM 分析では，製品の売上高規模は円の形で表示します。円の中には「売上高」と「製品名」を記入します。複数の製品が存在する場合は，円の大きさは相対的に，具体的には，売上高が大きい方を大きく表示することになります。

　あとは解答し，図示するだけですね。

　解答例：
　まず，A 社の「おにぎり」の市場成長率は，（1億1200万円−1億円）÷1億円× 100 = 12%となる。また，A 社の「おにぎり」の相対的マーケットシェアは，50%÷ 30% = 1.66 = 1.7 となる。そして，A 社のマーケットシェアは50%で，業界全体の売上高が1億1200万円ということからA 社「おにぎり」の売上高は，1億1200万円× 0.5 = 5600万円となる。A 社の「おにぎり」は，花形に位置付けられる。

　また，A 社の「お茶ペットボトル飲料」の市場成長率は，（1億500万円−1億円）÷1億円× 100 = 5%となる。A 社の「お茶ペットボトル飲料」の相対的マーケットシェアは，30%÷ 40% = 0.75 = 0.8 となる。A 社のマーケットシェアは30%で，業界全体の売上高が1億500万円ということからA 社の「お茶ペットボトル飲料」の売上高は，1億500万円× 0.3 = 3150万円となる。A 社の「お茶ペットボトル飲料」は，負け犬に位置付けられる。

　上記の解答から，以下の図表コラム 2-1 のような PPM 分析解答例を図示することができる。

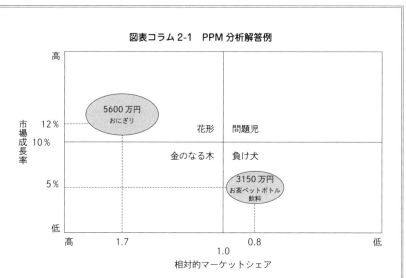

図表コラム 2-1　PPM 分析解答例

出典：筆者作成。

第3章

セグメンテーション（市場細分化）

　前章までの内容を通じて，マーケティングとは何か，市場とは何かを理解できただろう。企業が提供する製品を「誰にどのように売るのか」という基本的なマーケティングの命題は一見簡単そうに思えるが，実際は非常に難しい。特に市場とは，「多様な売り手と買い手の集合体」であり，様々な参加者が出入りして常に変動している。自社の製品を売りたい相手である買い手がどこにいて，どのような特性を持つのか，また，競合企業の動向や実態はどうなっているのかについて，丁寧かつ迅速な分析による理解が必要となる。

　そこで，本章と次章では「誰に」に焦点を当てて，多様である市場を理解しながら，どのように「買い手」を見つけて（抽出して）製品を売っていくのかについて具体的に説明していくことにしよう。

3-1）　セグメンテーションとは

　企業がモノを顧客（消費者）に販売するためには費用（コスト）がかかる。ここでいう費用とはモノを作り出すための製造費用（原価）を指すだけでなく，それらを売るためにかかる費用，すなわち販売する場所（店舗やウェブサイト）を用意するための費用や，広告・宣伝・販売促進するためにかける費用などのことである。すなわち，これらはマーケティング活動をするための費用となる。

　したがって，「誰に」売るのかがはっきりしないまま，ただやみくもに販

売しても売れるかどうか分からないし，そうやって試行錯誤している間に
マーケティング活動にかかる費用は増えていくばかりである。ましてや，小
規模な企業であればそうした活動にかけられる費用にも限界がある。

つまり，販売を始める前に，まず「誰に」売るのかをはっきりさせておく
ことが重要である。そうすれば無駄な経営資源や資金を使わずにすみ，効率
的かつ効果的な販売・マーケティング活動が展開できる。

市場は異質（多様）なニーズの集合体である。したがって，まずその市場
を同質的な小集合へ振り分けることが第一歩となる。これをセグメンテー
ション（市場細分化）という。セグメンテーションとは，「好みや特徴を同
じくする消費者，すなわち似たようなニーズを持つ人たちを識別し，グルー
プに分類し細分化すること」である。

それでは次に具体的なセグメント（グループ）の基準を見ていこう。

3-2) セグメンテーションの基準

異質なニーズの集合体である市場から同質なグループ，すなわちセグメン
トを抽出するためには，何らかの基準（変数）を用いてグループ化する必要
がある。売る相手が誰なのか，ここでは対象となる消費者の特性や状況を判
断できる基準について見てみよう。以下，コトラーとケラーの示した基準
（変数群）を例に取り，それぞれの基準について説明する（図表3-1 参照）。

図表3-1 セグメンテーションの主な基準

地理的変数	国，世界の地域，都市部と地方，内陸部と沿岸部，寒冷地域と熱帯地域
人口動態的変数	年齢，性別，世帯規模・家族構成，職業，所得，学歴，宗教，人種，国籍
心理的変数 　ライフスタイル 　パーソナリティ 　価値観	LOHAS・エコ志向，デザイン志向，アウトドア志向 神経質，社交的，野心的 理論型，経済型，宗教型，権力型，審美型，社会型
行動変数	初回購入と反復購入，毎日購入と特定日購入，少量購入と大量購入
便益変数	品質，価格，入手性，アフターサービス

出典：コトラー&ケラー（2008）より作成。

3-2-1) 地理的変数（ジオグラフィック変数）

　買い手がどのような地理的特徴の地域に居住しているのかに関する基準である。例えば，人口の多い大都市圏に居住する消費者と，比較的人口の少ない地方に居住する消費者とでは，生活ニーズや習慣が異なることが想定される。また，山岳・内陸部と沿岸部，北部の寒い地域と南部の温暖な地域など，居住地域の地理・気候の特徴によっても，そこに暮らす人々のニーズが大きく異なる場合がある。

　ある欧州家電メーカーは北欧（外に干さない）と南欧（天日干し）では人々の洗濯習慣に違いが見られるため，販売する同一モデルの洗濯機の脱水機能にあえて性能差を付けているという（電力供給事情にも配慮しているという説もあるが）。

3-2-2) 人口動態的変数（デモグラフィック変数）

　買い手の個人プロフィール（属性）に基づく基準である。対象となる消費者の年齢（世代），性別，世帯規模・家族構成，職業，所得，教育水準（学歴）などがある。図表3-1に記載があるように，宗教，人種，国籍などもセグメンテーションの基準として含まれている。近年社会の多様性が進んでおり，人口動態的変数によるセグメンテーションの捉え方が変わりつつある（本章末コラム3参照）。

3-2-3) 心理的変数（サイコグラフィック変数）

　買い手の消費・購買行動には，その人の「心理」や「個性」が強く反映される。同じ製品を購入する場合でも，詳細をよく調べないで買う人もいれば，じっくりと競合ブランドと比較検討しながら慎重に購入決定する人もいる。同じ購買条件下でも，人によって買い方は異なる。そこで買い手の内面的要素に踏み込んで，市場理解を進めようとするのがこの基準である。主に以下の3つがある。

① ライフスタイル

ライフスタイルという言葉は実によく耳にする言葉である。ファッション雑誌やテレビではよく「若者のライフスタイルに合う○○」や，「これからのデジタルな時代のライフスタイルにマッチした○○」などという表現で使われている。とても便利な用語のようだが，実は曖昧な使い方をされやすい。マーケティングではライフスタイルは「生活課題の解決および欲求充足の仕方」と定義されている。言い換えれば，人々の暮らし方や生活様式の特徴ということになろう（LOHAS・エコ志向，デザイン志向，アウトドア志向など）。ライフスタイルに関する主な研究アプローチには図表3-2のようなものがある。

図表3-2　ライフスタイル研究の視座例

AIO アプローチ	消費者の活動（Activity），関心（Interest），意見（Opinion）の特性を分析して類型化しようとする研究。 （AIO の質問例） ・私は仕事が生活の中心になっている（A：仕事） ・家族は私の心の支えになっている（I：家族） ・私はよく古きよき時代をなつかしむ（O：自分自身）
VALS（Values and Life-styles）アプローチ	アメリカの消費者を対象としたデータを分析した9つの類型に基づき消費者を分類した研究（統合型，生存者型，帰属者型等）。改良版の VALS2（8つの類型：実現者，生活困窮者等）や日本向けの Japan-VALS（10の類型：革新創造派，つましい生活派等）がある。
感度尺度分析	五感を中心とした様々な人間の感度を表す12個の質問（リズム感がある，においに敏感，味の違いが分かる，すぐに友達ができるなど）の回答により，回答者をグループに分ける方法。肯定的回答の多い高感度層は，流行に敏感，反復購買品が多い，売れ筋商品の購買率が高いなどの特徴が見られる。

出典：コトラー＆アームストロング（2003）より作成。

② パーソナリティ

パーソナリティとは性格と類似した概念で，「その個人の特徴的行動や思考を個人内で決定する心理物理的体系の力学的体制」と定義される。定義は難解だが，性格と同義だと考えれば分かりやすい。よって，図表3-1にあるように，「神経質で細かい」「社交的で人なつっこい」「野心的で自己中心

的」といった性格判断のような特性を用いることが多い。

　また，消費者行動研究の分野では，製品Aと製品Bを比べて，その購買者に見られる内面的・行動的特性を測定し，パーソナリティ変数としてセグメンテーションに用いることもある（例えば，Mac PC ユーザーはクリエイター志向が強く，Windows PC ユーザーはビジネス志向が強い。トヨタ車ユーザーにはファミリー志向型，ホンダ車ユーザーにはスポーツ・ドライビング志向型が多いなど）。

　③　価値観

　価値観という変数が使われることもある。これは「行動を規定する個人特性の内面的要素」と定義されている。前出のライフスタイルやパーソナリティとも連動する変数である。主な事例としては，シュプランガーの示した6つの類型（理論型，経済型，宗教型，権力型，審美型，社会型）などがある。

3-2-4）　行動変数（ビヘイビア変数）

　行動変数とは，買い手の行動特性やパターンに基づいてセグメンテーションするための変数群である。例えば購入者が，初回購入者か反復購入者なのか，定期購入しているか特定日や特定の条件下（特売など）のみで購入しているのか，少量購入か大量にまとめ買いしているのか，特定ブランドの指名買いか店舗内衝動買いなのか，など購入時の TPO（時間・場所・状況）や購買行動特性によって分類する。

3-2-5）　便益変数（ベネフィット変数）

　便益変数は，3-2-4）項の行動変数の一部として取り扱われることもある。これは製品の購入によって得られる便益（ベネフィット）を測定し，便益ごとに購入者を類型化しようとする変数である。購入者がある製品を購入する際に最も重要視する便益が，品質なのか，価格なのか，入手性なのか，アフターサービスなのかなどである。例えば，歯磨き粉を購入する購買者の求め

る便益には，虫歯予防効果もあればホワイトニング効果もあり，それぞれの効能を求める消費者は別々のグループ（セグメント）に分けて考えることができる。

3-3)　その他のセグメンテーションの方法

　3-2)節ではセグメンテーション変数について説明した。マーケティングの基礎を学ぶという点ではこれらの変数について理解しておけばよいのだが，少し別の観点から細分化することにも言及しておきたい。

3-3-1)　購買決定に要する時間の違いから消費者を分類
　消費者は特定のニーズや問題認識を出発点として，製品に対する購買の意思決定を行う。はたして全ての消費者が同じプロセスを踏んで購買にいたるのだろうか。例えば，いつも同じブランドの製品を決まって購入している人は，その製品カテゴリーや特定ブランドに関する新たな情報収集や，代替品の評価は行わないだろう。一方で，店舗内において衝動買いするような人は，手に取った製品の仕様の詳細を調べることなく，単に「好き」「気に入った」という理由（態度形成）だけで購買を決定するだろう。
　つまり，「その製品が必要だ」「○○が欲しい」というニーズの発生から，実際に購買するまでにかかる時間や過程は消費者によって異なる。その違いは次の項目によって発生する。
　・ニーズの強さ（今すぐ絶対欲しいなど）
　・制約条件の違い（店舗までの移動時間と費用，収入や可処分所得など）
　・関心度（好奇心）の高さ（人より早く使いたいなど）
　・収集情報の質と量
　・消費者個人の内的要因（家庭環境，教育水準，パーソナリティなど）
　このように様々な外部要因や内部要因によって，消費者の購買決定にいたる時間はそれぞれ異なるのである。これは3-2)節のセグメンテーション変数を用いた市場細分化アプローチとは少し異なり，消費者意思決定過程の観

点から消費者を分類しようとするものである。

3-3-2）ロジャースの研究

　前出 3-3-1）項のように，時間軸に着目した分類方法の例を紹介しよう。ロジャースは，製品が市場に投入されてから普及する時間経過と，購入者数やその特徴との関係を明らかにした。この研究では消費者は 5 つのグループに分けられている（図表 3-3 参照）。以下，それぞれについて説明しよう。

図表 3-3　ロジャースの分類

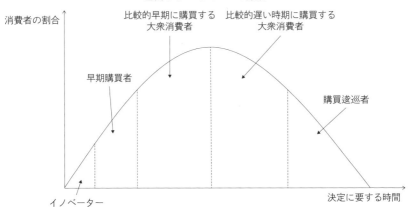

出典：ロジャース（2007）より作成。

① イノベーター（革新者）（2.5％：市場全体を 100 とした場合の割合）
　（Innovators）

　製品が市場に投入されると同時に購買しようとする消費者のグループである。彼らは新製品の販売開始に対して非常に敏感に反応する。投入後あるいは発売以前の段階から，その製品特徴（属性）について，広く深く情報収集する傾向が強い。イノベーターは関連する製品に関する知識が豊富な「リードユーザー」であることが多く，この消費者グループの購買満足度が，製品のその後の市場での売れ行きを左右するともいわれている。

② 早期購買者（13.5％）（Early Adopters）

　イノベーターに続いて，市場投入後早期の段階で購買を決定するグループ
である。このグループは，比較的小集団（友人や家族等）で，個人的な接
触（口コミ等のコミュニケーション）を通して，他人の購買に影響を与える
「オピニオンリーダー」が多く含まれている。

③ 比較的早期に購買をする大衆消費者（34％）（Early Majority）

　製品の販売動向や，他人の購買体験情報を確実に把握した後で購買するグ
ループである。この段階では製品に関する様々な情報が市場に拡がり，製品
認知度も向上し，価格も比較的安定（現状維持，やや低下）している（価格
競争の発生時期でもある）。レビュー，レイティングなどの第三者評価情報
に基づく購買判断も顕著である。

④ 比較的遅い時期に購買をする大衆消費者（34％）（Late Majority）

　製品の購入に慎重で，時間をかけて購買意思決定を行うグループである。
あまり流行に左右されず，新製品に搭載された新たな技術・機能などに対し
て，大きな便益を感じない傾向にある。この時期になると，市場では大幅な
マークダウン（値下げ）も見られることから，価格に対して敏感なグループ
でもある。

⑤ 購買逡巡者（16％）（Laggards）

　市場投入後かなり時間が経過しても，購買決定がなかなか下せないグルー
プである。この段階では製品の売上がピークを迎える，あるいは減少に転じ
ている頃と一致する。このグループからの積極的な購買は期待できない。

3-3-3）　グループごとに異なるマーケティング機能

　3-2)節で取り上げた人口動態的変数のひとつである「年齢・世代」を用い
て市場細分化を行い，20代の購買層と60代以上の高齢者の購買層とに分け
た場合，売り手が同じ売り方をしないことは分かるだろう。

　同様に，上記3-3-2)項①〜⑤の5つの消費者グループに対しても，異なるアプローチでマーケティングを展開しなければならない。例えば，①②③の段階のグループは新製品に関する情報接触が少ないため，製品の性能や効用，仕様，使い方，問い合わせ等について教育する教育的機能が必要となる。また，③④⑤の段階においては，販売数量・マーケットシェアの拡大が必要なことから，消費者の購買決定を促進するような説得的機能が必要である。そして，⑤の段階では次の製品改良（モデルチェンジ）や，新製品の発売に関する情報提供的機能も必要となってくる。

3-4)　市場環境の変化とセグメンテーションで用いる変数の限界

　3-2)節や3-3)節で学んだ市場細分化の概念は，マーケティング戦略において「誰に」売るのかを考えるうえで，企業の経営資源の効率的な利用と，その製品を欲している買い手への効果的な接近とを，同時に達成することに貢献することが分かった。

　ところが市場の構造は複雑で，構成も多様である。年齢や性別，居住地域の気候，ライフスタイルの違いや，購買頻度などの変数でセグメント化（グループ化）しても，そのグループの人たちが売り手の期待通りの反応や，購買行動を起こしてくれるとは限らない。

　現代社会は，マーケティングの先人たちがセグメンテーション変数を創造した頃とは大きく変化している（第1章1-3)節参照）。大量生産，大量消費による物質的豊かさが達成されると，「大衆」の概念は消え去り，「個」の時代が到来した。ICTの進展によって，デジタルツールの支援は生活のありとあらゆるシーンに浸透した。消費者の生活や暮らしの個別化がますます進行すると，セグメンテーションも多元化し小規模化する。さらに近年の多様性（diversity）に対する人々の関心の向上は，人口動態的変数の捉え方を曖昧にしている（本章末コラム3参照）。

　最後に，コトラーとアームストロングが，セグメントが有用かどうかを見る視点を5つ挙げているので，紹介しておこう。

・測定可能性（そのセグメントの規模や購買力，特性が測定できるか）
・到達可能性（そのセグメントに効果的に接近し，マーケティングが展開
　できるか）
・維持可能性（そのセグメントは利益をもたらすのに十分な大きさを有し
　ているか）
・差別可能性（そのセグメントは差別化ができ，マーケティング施策に対
　して，セグメントごとに異なる反応をしているか）
・実行可能性（そのセグメントを魅了する効果的なマーケティング施策が
　作れるか）

　自社製品が最も競争力を発揮でき，効果的で効率的な販売ができる魅力的
なセグメントを発見することが，マーケティング活動の第一歩として重要な
のである。

あやか：

最近，ダイバーシティっていう言葉を他の授業で学んだんだけど，ジョージくん知ってる？

ジョージ：

知ってるよ。「多様性」っていう意味でしょ。特にジェンダーの問題として僕も習ったよ。でも「○○な男性にピッタリ」や「女性が使いやすいデザイン」という性差をうたう広告を頻繁に見かけるなぁ。隈村先生，やはりジェンダー（性差）はセグメンテーションやターゲティングで今も有効なのでしょうか？　それともダイバーシティの考え方が浸透して，有効性が低下しているのでしょうか？

隈村先生：

日本では2000年頃から購買アイテムに「性差」（ジェンダー意識）が薄まる現象が散見されるようになりました。特に，男性が元来女性向けにデザインされた製品・サービスの購入を頻繁に行うようになりました。例えば，男性の美容への関心が高まり，エステサロンに通う男性顧客が増え，男性向け化粧品（コスメ）の市場規模は拡大しています。日本よりも一足早くこうした流行が発生したアメリカでは，「メトロセクシャル」（都会に住みファッションへの関心や美意識が高く外見に気を配る男性）と呼ばれる新たなセグメント属性が生まれたといわれています。旧来の男性らしさ（マスキュリニティ：masculinity）とは異なる意識やライフスタイルが芽生えて定着しましたね。

一方で，女性はどうでしょうか。1980年代に女性向け製品として市場投入された家電ブランドなどの広告・宣伝には「女性にやさしい機能」「簡

単操作」「ワンタッチで OK」などといったキャッチフレーズが多く見られました。これらは女性が一般的に「機械に弱い」「機械の操作に慣れていない」といったバイアス（偏見）に基づいていると論じる人もいたようです。一方で，当時家事は女性が主に担当するものという認識が一般的であった社会背景を考慮すれば，その負担を少しでも減らすためのメーカーの配慮や工夫を表現したものだという人もいます。

「学卒後も親に生活を依存する未婚者」を指す 1990 年代に出現した「パラサイトシングル」という言葉は女性にも当てはめられ，「おやじギャル」なんて言葉も出現。その変異形といわれる「おひとりさま」セグメントは男性だけでなく女性も含むとされています。

話を男性に戻すと，男性も育児や家事に積極的に参画する時代になりましたね。ジョージくんは「カジメン」「イクメン」という言葉を知っていますか？

家事をする男性を「カジメン」，育児をする男性を「イクメン」と呼びます。彼らは男性の育児休業制度の拡充・法改正により，近年増加傾向にあります。それに伴い，男性が扱いやすいデザインや操作性を持つ家電製品や育児グッズが，続々と市場に投入されているのです。当然こうした背景から家電や日用品，食料品の広告や CM にカジメン，イクメンが登場するものも増えています。

こうして考えてみると，40 年前に「女性にやさしい機能」とうたった家電も，今や「パパでも簡単」といったキャッチフレーズに置き換わろうとしているのでしょうね。私も家事育児をしていますが，あやかさんのお父さんも家事されていますか？

ダイバーシティのマーケティング上での捉え方はいろいろあると思われますが，性的マイノリティや人種マイノリティのセグメントに対してマーケティングがどう変化するのか，どうあるべきなのかはこれから議論されていくことでしょう。性別や人種といった，これまでのテキストに書かれた人口動態的変数を使ったセグメンテーションやターゲティングの在り方が今後大きく変わるかもしれませんね。

第4章

ターゲティングとポジショニング

　第3章では，市場は多様で異質な集合体であるから，同質なグループすなわちセグメントに分けて考えた方が，効率的かつ効果的なマーケティングが展開できると学んだ。

　第4章でも引き続き「誰に」売るのかに関するマーケティングについて考えていこう。

4-1）　ターゲティングとは

　ここではセグメンテーション変数を使って分けたセグメントの中から，売る対象とするセグメントを選択するプロセスについて学ぶ。この売る標的（ターゲット）となる市場セグメントを選択することを「ターゲティング」という。

　ターゲティングを実践する際に，いくつかの重要なポイントがある。まず第1のポイントは，標的とするセグメントの大きさ（規模）と成長性である。これから自社の製品を売っていこうとするのに，その標的となる消費者の市場セグメントが，あまりにも小さいようでは売上が期待できない。売上が見込まれない市場セグメントに対して，マーケティング費用はかけられない。ある程度のセグメント規模とそのセグメントが拡大（成長）していくことが必要である。つまり，ビジネスとして魅力あるセグメントでなければならない。もちろん，ニッチでマイナーなニーズに対応するような製品を売る場合には，標的セグメントの規模は小さいかもしれない。それでも売上と

いう点において魅力がなければ，標的となるセグメントにはならないであろう。

　第2のポイントは，自社の経営資源や企業目標との適合性である。上記のように，売上が見込める魅力的な標的セグメントを選択するということは，自社製品に対するニーズが高いと思われる消費者グループに対して，自社の強みが最大限活かされる状況を作り出すことに他ならない。つまり，自社の経営資源が有効に利用され，企業の理念や目標を達成していくのに都合がよい標的セグメントを選択しなければならない。例えば，菓子メーカーが事業領域（企業ドメイン）の拡大を図り，今後の中期計画・目標に，健康・ウェルネス事業分野へのシフトを明確に示してきたとしよう。そうすると，この企業はこれまで自社の菓子製品を購入していた市場セグメントを引き続き標的セグメントに設定するのではなく，新たなセグメント（例えば健康志向が高い成人した消費者など）をターゲットとして捉えていく必要が出てくる。

　次に具体的な標的セグメントの抽出方法について見てみよう。

4-2）　ターゲティングの手法

　ターゲティングすなわち標的セグメントの選定に当たり，具体的な方法として以下の戦略がある（図表4-1参照）。

①　単一セグメントへの集中戦略

　特定の市場セグメントを選択して，その標的セグメントに向けて特定の製品を販売する方法である。セグメントが単一のため特定の売り方に絞り込んで，大きなシェアを獲得することを狙う。しかし，購買行動の変化や競争激化などにより，当該セグメント状況が悪化するリスクもある。比較的経営資源が限られた中小規模の企業や，特定の製品の提供に特化したニッチ型企業などが採用しやすい戦略のひとつである。

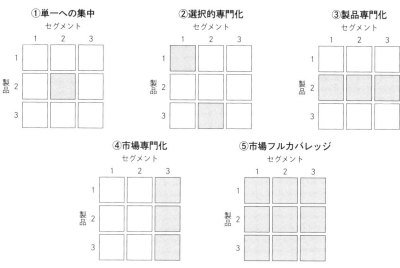

図表 4-1　ターゲティング戦略の主なパターン

出典：コトラー＆ケラー（2008）より作成。

②　選択的専門化戦略

　複数の製品ごとに魅力的な特定のセグメントを選び，標的とする方法である。製品と標的セグメントの組み合わせが複数存在するため，売り方も複数パターン考えなければならないが，①よりもリスクは分散させられる。

　企業の目標や経営資源の質量に照らし合わせて，標的セグメント選択の判断をしなければならない。提供する製品と標的市場セグメントの組み合わせが複数となるため，①の戦略と比べて，マーケティング活動もそれらに十分対応しなければならない規模となる。

③　製品専門化戦略

　この戦略は特定の製品を複数の標的セグメントに対して販売する方法である。自社製品を「誰が」買ってくれるのかを調査・分析し，いくつかのセグメントの中から標的セグメントを絞っていくことは非常に難しい。選択した標的セグメントが全く買ってくれないこともある。そこで複数の標的セグメントに対して訴求し，そうしたリスクを低減する。

　もちろんこの戦略を採用する条件として，複数の標的セグメントを相手に
マーケティング活動を展開できる十分な経営資源が存在することや，収益性
が確保できるだけの見込みを示すデータがあること，などが挙げられよう。

　また，特定の製品といっても，若干の仕様・様式変更がなされている場合
は（ライン拡張として第6章で解説），それぞれの仕様の違いごとに標的セ
グメントを選択する。例えば，同じブランド名を冠するチョコレートであっ
ても，味やカカオ含有率の違いで複数の製品ラインを投入するのであれば，
それぞれの標的セグメントは異なる可能性がある（甘いチョコを好むセグメ
ントと苦いチョコを好むセグメントなど）。同様に，同じブランド名の衣料
用洗濯洗剤に粉末タイプと液体タイプがある場合，それぞれのタイプの想定
する標的セグメントは異なるだろう（使う洗濯機機種の違いや洗濯習慣の違
いなど）。

④　市場専門化戦略

　これは③と逆で，特定の標的セグメントに対して，複数の製品群を販売す
る方法である。

　この戦略が採用できる企業は，自社の強みや競争力が活かせる特定のセグ
メントがあって，そのセグメントの幅広いニーズや需要に応える複数の製品
を提供していると考えられる。例えば，乳幼児セグメントに特化した製品を
提供している企業（ピジョン，コンビなど）は，育児用品やベビー服から玩
具まで，幅広い製品カテゴリー群の製品を提供している。

⑤　市場フルカバレッジ戦略

　この戦略は企業が所有するあらゆる製品群を，あらゆる標的セグメントに
向けて販売する方法である。全市場をカバーするターゲティング手法のた
め，このように呼ばれるが，差別型と無差別型という2つのマーケティング
方法で市場をカバーする。

　差別型は，全市場における複数の標的セグメントに向けて，セグメントご
とに異なる複数の製品を提供する。一方，無差別型はセグメント間の違いを

無視して全市場に単一の製品を提供する。

　市場フルカバレッジ戦略を採用する企業には，それを実践できるだけの経営資源が必要となる。例えば，総合家電メーカー（パナソニックや日立など）や，大手消費財化学メーカー（花王，ライオンなど）は，こうしたターゲティング戦略を展開することが可能である。

　これらの5つのターゲティング戦略のうち，①，④，⑤（無差別型）の場合は標的セグメントに向けた「売り方」の構築が単一的で集中的なものとなる。なぜなら売る相手の特性が絞られているからである。逆に②，③，⑤（差別型）の手法の場合は，標的セグメントすなわち売る相手が複数になるので，それぞれの特性に合わせた「売り方」を構築しなければならなくなる。この「売り方」のことをマーケティング・ミックスと呼ぶが，これについては第5章以降で説明することにしよう。

4-3）　ポジショニングとは

　第3章と本章の4-1）節と4-2）節で，売り手企業が提供する製品を誰に向けて売るのか，その具体的なマーケティング戦略について学習してきた。本節では，そのプロセスの最終段階であるポジショニングについて学ぶ。

　ポジショニングとは，「標的顧客が考える，他社製品と比較した，自社製品の位置付け」のことである。別の言い方をすれば，見込み客となる標的顧客が自社製品をどう知覚（意味付け）しているかである。例えば，菓子メーカーが新しいチョコレートのブランドを市場投入するとしよう。セグメンテーションとターゲティングを行い，その製品の標的セグメントを選定する。その標的セグメントが，他社ブランドのチョコレート（自社の他ブランドも含む）と比較して，新ブランドの味などの相違をどのように認識しているかを理解することが，ポジショニングである。この理解は，新ブランドのチョコをどのように売っていくかというマーケティングの具体的戦略の策定にとって極めて重要となる（本章末コラム4参照）。

　現代の企業間競争はますます激化しており，市場には数多くのブランドが
ひしめき合っている。そうした中で企業は，競合他社よりも市場内でよりよ
いポジショニングを形成して，有利にビジネスを展開したい。そのために
は，どのように競合製品に対して知覚的な差別化を図るかが重要である。

　自動車のブランドを例に取ると，ボルボは「世界で一番安全なクルマ」を
うたい，ポルシェは「高い動力性能」をうたい続けている。ポジショニン
グで重要なのは，他社ブランドとの違いを認識させる独自性（オリジナリ
ティ）を創り出すことである。

4-4）　差別化とリポジショニング

　ポジショニングを展開するためには，3つの要素が必要とされている。そ
れらは以下の3つである。

① 　標的顧客
明確な標的顧客セグメントが定まっている。

② 　製品を位置付けるカテゴリー
　どの製品カテゴリー（自動車を例に取ると，SUV，セダン，ミニバンな
どが製品カテゴリーとなる）でポジショニングするかによって，競合する企
業・製品が異なってくるため，標的顧客にどのカテゴリーの製品として認識
してもらうかを明確にする。

③ 　差別化のポイント（独自性）
　同じカテゴリー内の競合製品と比較して，どこが差別化されているのか。
独自の便益（ベネフィット）や価値（バリュー）の提案が必要となる。

　これらの要素を理解し，適切なポジショニングを展開することは，その企
業・製品に持続的な優位性をもたらす。しかし市場は絶えず変化しているた

め，常に3つの要素の状態を確認しながら，ポジショニングの変更を検討しなければならない。つまりリポジショニング（ポジショニングの変更）が必要となる。

　例えば，自動車市場において，BMWやレクサスなどから高い動力性能を有する新車種が続々と市場投入されるようになると，高級スポーツカーブランドの老舗であるポルシェは，自社製品の標的セグメントのニーズやウォンツを再確認したうえで，ポルシェらしさ，ポルシェの独自価値とは何かを改めて訴求する必要にせまられる。

　次に価格と便益だけを基準として，別の事例でリポジショニングを考えてみよう。例えば歯磨き粉市場では，数多くの製品が投入されている。そこで，歯周病や知覚過敏をケアする成分を配合する新たな歯磨き粉ブランド（仮にSTと呼ぶ）が，初めて一般歯磨き粉市場に投入されたとしよう。STはその付加的成分配合により一般の歯磨き粉よりも高価であると仮定する。すると，歯がしみる症状などで悩む標的セグメントにとっては，たとえ高価であっても，STは明確に差別化された便益をもたらす製品として認知されるであろう。よってSTは，図表4-2で示された「他の普通の歯磨き粉よりも高価だが便益が高い」Aゾーンにまず位置付けられることになる。

　ところが，そこに同じような歯周病ケアの便益をもたらす他社の新製品（仮にXAと呼ぶ）が投入されたら，STのポジションはどうなるだろうか（この場合，XAは後発製品としてSTよりも後に参入したため価格競争力がある，つまりSTよりも安価で販売されると仮定する）。XAの参入により，STの便益の希少性が低下し，独自性が希薄化してしまう。それまでSTは，一般歯磨き粉市場で高い相対的便益とオリジナリティを保持し，特定の標的セグメントに対して優位なポジショニングをとれた。しかし，XAの発売により競争が生まれ，ポジショニングを考える製品カテゴリーが，一般歯磨き粉から歯周病ケア関連歯磨き粉へと変わってしまう状況になる（4-4)節②参照）。後発であるXAの価格競争力が高いことを考えると，STの相対的ポジションは図表4-2のBゾーンへと移ってしまう。

　こうなると，リポジショニングを検討する必要が出てくる。XAよりもさ

らに価格を下げてＣゾーンの方向に移るか，XA と同程度まで値下げを実
行しつつも付随サービスなどの新たな便益を加えてＤゾーンの方向に移る
か。それとも，価格を据え置き，口臭ケアやホワイトニングといった新たな
機能性を追加するなど，XA にはない便益を実装して再びＡゾーンに戻る
か。

　いずれのリポジショニングも容易ではない。値下げが常態化すればブラン
ドイメージが低下するリスクもあるし，他方，新機能を追加しすぎて便益の
特異性が希薄化するリスクもあるだろう。競合などの市場環境の変化は，ポ
ジショニングに常に影響を与える。

図表 4-2　価格と便益を用いたポジショニングの理解（競合製品との比較）

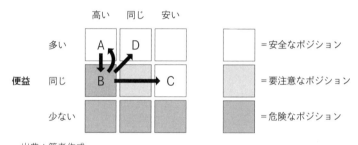

出典：筆者作成。

　このように数多くの製品が競合し，状況が絶えず変化する現代の市場にお
いて，一定の優位なポジショニングを持続させることは容易ではない。特定
の狭い市場において強烈な独自性を発揮するブランドは認知度も高く，マー
ケットシェアも高い傾向にある。例えば，ロングセラーとなっているシャン
プー・ブランドである花王のメリットは，ネーミングとボトルの基本デザイ
ンをほとんど変えない。また，創業者の有名な言葉にあるように，スター
バックスは「コーヒーではなく，カフェでの体験」を売るといい，カフェ業
界で独自のポジションを築いている。

　その一方で，企業が狙った標的セグメントとは異なる別のセグメントが購
入者の大半を占める製品事例も見られる。これは，セグメンテーション→

ターゲティング→ポジショニングという過程で，市場（顧客）の理解に失敗
したケースかもしれない。

　本章では，製品を販売する見込み客となる標的セグメントを絞り込むとい
うターゲティングと，その標的セグメントが他社製品と比較して自社製品を
どのように差別化して認識しているのか，というポジショニングについて概
説した。
　マーケティング活動の定義である「誰に，何を，どのように売るのか」の
「誰に」の部分について，ここまでセグメンテーション，ターゲティング，
ポジショニングというプロセスを学んだ（第3章，第4章）。次の第5章か
らは，「何を」「どのように」売るのかの部分について解説していく。

（演習）
知覚マップ

 隈村先生：

　本章で学んだポジショニングを理解するうえで便利なツールがあります。「知覚マップ」（パーセプション・マップ）と呼ばれるものです。ある特定の製品カテゴリーにおける互いに競合するブランドを，消費者がどのように知覚するかを統計的な手法を用いて，２次元の空間上に図示したものです。

 ジョージ：

　どのように使うのですか？

 隈村先生：

　では少し例題を使い演習してみましょう。まず縦軸に「ユーザーの年齢」（高いと低い），横軸に「製品の価格」（高いと低い）をとり，象限を作ります。そこに５つのブランドバッグ（ルイ・ヴィトン，シャネル，エルメス，プラダ，コーチ）について，あなたのイメージするユーザーの年齢層とバッグの価格帯を組み合わせたゾーンを描いてみましょう。

 ジョージ：

　ブランドバッグのユーザー年齢層と価格帯ですか？　あやかさん，イメージが分からないので手伝ってくれるかな？

 あやか：

　いいよ。でも先生，軸が交差する中央値はいくつに設定すればよいですか？

隈村先生：

軸が交わる点の年齢や価格自体も自分のイメージで設定してください。

あやか：

　こんな感じかな（図表コラム 4-1 参照）。なんとなくイメージで作成してみました。

図表コラム 4-1　知覚マップ（あやかさんの回答例）

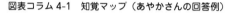

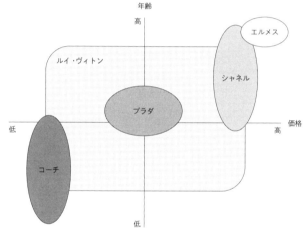

出典：筆者作成。

ジョージ：

　先生，これで何が分かるのですか？

隈村先生：

　あやかさんのマップを見ると，ルイ・ヴィトンのバッグはイメージする価格帯も幅広く，ユーザーの年齢層も幅広く認知されていることが分かり

ます。一方，エルメスは右上方端に小さく描かれており，極めて高価格で年齢層の高いユーザーが所有しているイメージであることが分かります。あやかさんと似たようなマップを何十万，何百万の人が描いたと仮定すると，ルイ・ヴィトンはあらゆるセグメントに訴求する製品ラインを有するブランド，一方エルメスは特定セグメント向けの狭いラインを展開するブランドと，多くの人々が認識していると捉えることができます。

　この傾向が2社の企図するターゲティング・ポジショニングと合致していたら，誰に売っているのかと，誰が買っているのかが一致することになり，標的セグメントへの接近が成功していることになりますね。4-2)節のターゲティングの5つの手法を用いれば，ルイ・ヴィトンは⑤市場フルカバレッジ（差別型）戦略，エルメスは①単一セグメント集中か④市場専門化戦略のいずれかを採用していると考えることができます。

　また，大学生のあやかさんの作成した知覚マップから高年齢層のターゲティングを考察するのは正確性を欠くので，企業側から見た事業性の分析（第5章5-2-4)項③参照）やポジショニングマップ（企業が自社製品の位置付けを分析したもの）なども参照する必要がありますが，マップの左上端「高年齢層が低価格でカジュアルに使えるバッグ」のエリアでは一見競合の少ないブランド展開ができそうですよね（5ブランド以外の競合を考えない仮定での話だが）。

　ジョージとあやか：

　なるほど。消費者が頭の中でどのように製品をイメージしているのかを理解することが重要なんですね。

第5章
製品戦略（1）
新製品開発と製品ライフサイクル

　本書の第4章まででマーケティングの柱のひとつである「誰に」売るのかについて詳しく学んだ。ここからは，マーケティングの他方の柱である「何を」「どのように」売るのかについて考えていこう。

　「何を」「どのように」売るのかについて，多くのマーケティングのテキストが支持する視座をマーケティング・ミックスと呼ぶ。それは製品戦略，価格戦略，流通戦略，販売促進戦略という4つの次元からなり，それぞれの英語表記（Product，Price，Place，Promotion）がPから始まることから，4Pまたは4Psと呼ばれる。「何を」については，特に，製品戦略と価格戦略で説明され，「どのように」については，特に，流通戦略と販売促進戦略で説明される。

　それでは本章と次の第6章で製品戦略（Product）について見ていくことにしよう。本章では主に製品概念と新製品開発について，第6章ではブランド戦略について概説する。

5-1）　製品とは

　まず製品とは何か。製品，商品，グッズ，モノ，いずれの呼び方も「有形の財で何らかの効用（満足）をもたらすもの」といい表すことができる。コトラーとアームストロングによれば，製品とは「顧客のニーズを満たす目的で市場に提供され，注目，獲得，使用，消費の対象となる全てのもの」と定義されている。

　例えば，スマートフォン（スマホ）を考えてみよう。それには様々な機能
がある。電話として通話ができること，インターネットに接続できてメール
やブラウザが使用できること，カメラ機能があること，様々なアプリが使え
ることなど，多種多様な便益（ベネフィット）をもたらしてくれる。また，
筐体の形状，大きさ，色などの意匠・デザインもブランドにより固有であ
る。

　こうしたデザインや機能はその製品の「属性」（ものの性質や特性）の一
部である。したがって，製品とは「属性のかたまり」であるといえよう。別
の言い方をすれば，製品とは様々な「便益（価値を含む）が束になった状態
のもの」すなわち「便益の束」なのである。

　さらにこの属性について詳しく見てみよう。製品を構成する属性のタイプ
を考えてみると，次のような概念式が作られる。

　製品＝
　　基本的属性（なくてはならないもの）＋付属的属性（なくてもよいもの）

　先ほどのスマホの例でいえば，基本的属性は通話機能，ネット接続機能あ
たりだろうか。一方，付属的属性は色や形のバリエーション，パッケージや
イヤホン等の付属品などではないだろうか。

　また，別の製品属性の捉え方には，以下のような3つのタイプによる構成
もある（図表5-1参照）。

　・中核となる便益（顧客に提供する本質的なニーズを満たす機能）

　・形態（デザイン，品質，パッケージ，ラベル，ブランド名など）

　・付随機能（保証，アフターサービスなど）

　この捉え方でもスマホの中核となる便益は，やはり通話機能やネット接続
機能といった他者とのコミュニケーションということになるであろう。

　また，製品は管理するレベルで呼び方があり，注意が必要である。具体的
には，製品ひとつひとつ，それぞれを「製品アイテム」といい，密接な関
係のある製品アイテムの集合体，すなわち同種の製品群のことを「製品ラ
イン」といい（例：シャンプー，歯ブラシ，食器用洗剤といった各ライン。

図表 5-1　製品属性の構成

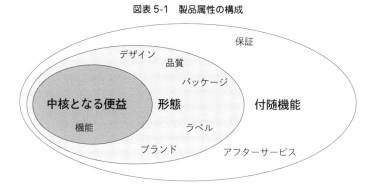

出典：コトラー＆アームストロング（2003）より作成。

品質，ユーザー，価格帯によるラインもある），製品全体の集合体のこと
を「製品ミックス」という。複数の製品ラインは，製品ミックスの幅を意味
し，ある製品ラインの複数の製品アイテムは，製品ミックスの深さを意味し
ている。

5-2）　新製品開発

　日本企業の新製品の売上や利益の目標に対する成功率は3〜4割といわれ
ている。また，8割は失敗しており，定番となるような製品は1割という調
査もある。したがって，企業が持続的に成長していくこと，すなわちゴーイ
ング・コンサーンにとって，新製品開発は非常に重要となるのである。
　ではいったいどのように製品は開発され，市場に投入されているのだろう
か。開発に際しての重要なポイントと手順について考えていこう。

5-2-1）　製品コンセプト
　まず新製品を開発して市場に投入する際に最も重要な点は，製品コンセプ
トが一貫していて「ブレないこと」である。それが，製品の特長・特性，品
質，ネーミング，パッケージデザインなどにおいて明確に表現できている
か，そしてそのコンセプトが市場投入後も維持されているか，ということで

ある。

　例えば，飲料メーカーの伊藤園は自社の緑茶ブランドを1989年に「お～いお茶」にリニューアルした際に，5つの「ブレない」コンセプトを打ち出した。それらが「自然・健康・安全・よいデザイン・おいしい」であった。香料や添加物を入れない自然で安全なおいしさ，覚えやすい製品ネーミング，竹柄のパッケージデザイン，茶産地の育成，安定した茶葉の仕入れと品質管理といった点を貫くことで他社ブランドからの差別化を図ることに成功している。

5-2-2）　形態・付随機能

　5-1）節で説明したように，製品とは属性のかたまりである。その属性も中核となる便益をもたらす機能と，デザインや品質といった形態，保証といった中核の周辺に存在する付随機能とに分かれる（図表5-1参照）。

　特にデザインや品質などの形態やアフターサービスなどの付随機能は，販売促進や流通上の特徴など，製品を取り巻くマーケティング施策との連動性が高いことが重要である。日用品や食料品などの購買頻度の高い製品カテゴリーでは，季節ごとに包装，容器，ロゴデザインなどがリニューアルされることが多い。これはこうした属性が他のマーケティング戦略との連動性が高く，製品の市場における衰退や陳腐化を防ぐ役割がある。

　前述の「お～いお茶」の場合，ネーミングやラベルデザイン変更は販売促進における差別化に寄与した。また，冬季の販売に向けたホット用ペットボトルを導入し，それを店舗で温めるための機器貸出サービスによる流通チャネル（経路）開拓活動を展開した。これらは，この製品の付随機能の設計が，的確に流通戦略や販売促進戦略に活かされていることを示している。

5-2-3）　製品ラインアップの幅の決定

　製品開発時にもうひとつ検討しておくべき点は，市場投入時にどの程度の製品ラインアップを設定するかである。ターゲティングやポジショニングをどうするかによって，最初に投入する製品ラインの幅（製品の種類）も異

なってくる。第4章4-2)節で学んだように，複数の標的セグメントをター
ゲットとする場合，単一のセグメントを標的とする場合よりも，製品ライン
の幅は広くなるだろう。

　また，前述の「お〜いお茶」の場合，競合他社が次々と新製品を投入して
追随してきたことに対して，伊藤園は茶葉や味を変え製品ラインアップの幅
を広げた。

5-2-4) 新製品開発の手順

　このように新製品開発はブレない製品コンセプトと，マーケティング展開
上の連動性の高い付随機能の設計を念頭に置きながら，ターゲティング手法
と適合する製品ラインアップを用意することが重要である。

　では，具体的な開発の手順とはどのようなものか。まず，大まかな開発の
流れは次の図表5-2の通りである。各段階を概説しよう。

図表5-2　新製品開発の流れ

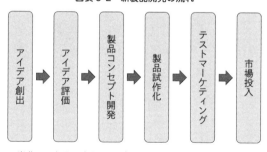

出典：コトラー&ケラー（2008）より作成。

①　アイデア創出

　製品のアイデアは顧客，競合企業，従業員，取引先など様々なところに潜
在している。その中でも特に顧客のニーズをスタートにするのが妥当であ
る。また社内にあるシーズ（技術の種）に目を向けることも必要である。ア
イデアを創出するためには，様々な事例や調査結果（グループインタビュー
や行動観察，アンケート調査等）の情報を収集しておくことが大前提となる

（調査は，適宜，他の段階でも行われることはある）。これらからヒントを得て製品開発のためのアイデアにしていく，あるいはヒントそのものを創出するために，ブレーンストーミング法などの発想法が用いられる。

　ブレーンストーミング法とは，批判厳禁（他人の発言を批判してはいけない），自由奔放（批判厳禁と関連し，自由に議論する），質より量（アイデアを多く出す），結合改善（他人の発言への便乗も可）のルールを前提に5〜10名程度のグループで討議を行う。出されたアイデアを整理するにはKJ法が用いられる（他にもマインドマップなど）。KJ法は，基本的には4段階があり，第1段階として，1カード（付箋などを使用）につき1アイデアとし，カードにアイデアを書き出す，第2段階でそれらのカードをグループ化し，第3段階でグループ間の関係性（関係あり，因果関係，対立関係，相互依存関係等）の検証を行い，第4段階で文章化を行うというものである。

②　アイデア評価

　アイデアの取捨選択（スクリーニング）のことである。この段階では，ドロップ・エラー（優れたアイデアを不採用にしてしまう）や，ゴー・エラー（たいしたことのないアイデアを採用してしまう）にならないように，客観性を重視し，アイデア創出したグループとは違うグループがアイデアを評価する必要がある。

③　製品コンセプト開発

　スクリーニングで選択したアイデアを製品コンセプト（製品レベルで「誰に」「何を」「どのように」の視点で捉えること）に磨く段階である。その製品は誰が使用するのか，中核となる便益は何なのかについて簡潔な文章やイメージ，イラストにより明確にしていかなくてはならない。また，この段階では，同時に事業性（ビジネスとして成り立つのか，利益を得ることができるのか）の分析を行う必要がある。事業性の分析は，顧客（Customer）・コスト（Cost）・競合（Competitor）という3つの視点からの分析を行う必要がある。内容は以下の通りである。

・顧客分析……短期・長期の視点から売上や顧客の購買について分析
・コスト分析……製品の開発と販売のコスト（費用）と回収可能性について分析（具体的には損益分岐点分析を行う。詳細は第7章末コラム7参照）
・競合分析……競合企業の製品の開発と販売について分析し，自社の製品の差別化について考える

④　製品試作化

事業性分析をクリアした製品コンセプトをもとに，研究開発部門や技術部門が製品として開発を開始することになる。文章やイメージ，イラストの製品コンセプトを具体的な形にする，プロトタイプ（試作品）を作成・開発する段階のことである。この段階は，新製品開発の流れの中のアイデア評価以降で一番時間がかかるといわれている。

⑤　テストマーケティング

プロトタイプをもとに，実験的にそれを市場に投入し（場所や時間を限定する），実際の消費者の製品への反応を観察する。必要があれば製品の仕様に変更を加えることになる。テストの段階ともいう。

⑥　市場投入

テストマーケティングの結果を踏まえて，調整等行い，本格的に市場に投入する。具体的に製品を投入するタイミングが課題となる。また，プレスリリースなどによって広く製品投入の事実を市場に周知する。

以上，新製品開発の流れ（プロセス）を説明してきたが，家電，情報通信機器の新製品開発にかかる期間は1年，自動車では2年，医薬品では10年といわれている。こうした開発期間も，時代とともに技術の向上により，短くなっているのは確かである。

5-3)　パッケージング（包装），ラベリング（表示），付随サービス

5-3-1)　パッケージング（包装）

　製品戦略の中で付属的属性あるいは形態のひとつがパッケージ（包装）で
ある。包装には，製品を直接入れておく「一次包装」と，その一次包装され
た製品を収納し製品使用の際には廃棄される「二次包装」がある。そして二
次包装された製品を保管，輸送，検収（納品物の確認と受取）するために使
われる「輸送用包装」（梱包）がある。製品戦略の中の包装とは，主に一次
包装と二次包装のことをいう。

　次にパッケージングの目的は3つある。

　・品質示唆……製品の中身の特性や品質を示唆するため

　・製品保護……製品を外部環境の変化や物理的衝撃等から保護するため

　・使用法紹介……製品の使い方を購買者に説明するため

　さらにパッケージングはその形状，素材，配色，ロゴ，デザインなど，価
格や流通経路，販売促進といった他のマーケティング戦略との整合性を図る
という重要な機能を有する。例えば，高級ブランド化粧品の入ったパッケー
ジ（箱など）が，安っぽい素材でできていて味気ない配色と，簡素なデザイ
ンで装飾されていたらどうだろうか。高級化粧品のイメージが崩れ，中身の
品質も疑ってしまう。高級品ならば，高級品にふさわしいパッケージングを
設計して，その中身の高品質を訴求しなければ，購買者の認知に乖離をきた
す（中身＝高級品，外見＝安っぽい）。

　ところが，近年は環境問題の観点から，過剰包装の回避が叫ばれている。
1997年4月から施行された「容器包装リサイクル法」により，一般家庭に
おける廃棄物の削減・分別化，リサイクル促進の意識が高まった。その後，
本法は何度か改正されたが，事業者にはリサイクルだけでなく，容器包装の
薄肉化・軽量化，量り売り，レジ袋の有料化などの容器包装廃棄物の排出抑
制努力が求められている。家庭内での容器包装廃棄物削減と分別意識の向上
に伴い，消費者は簡素でごみ削減につながる包装を施す製品を志向し，環境
対策に努める企業を支持，評価するようになった。

　よって，前述した「高級品は包装も豪華で過剰なほど高級」である必要性はなくなりつつある。企業は，簡素・簡易なパッケージングを通じて，企業の環境対策，廃棄物削減努力を訴求するマーケティング展開に転換している。世界的な SDGs（持続可能な開発目標）の潮流もあり，今後ますます消費者の環境意識は高まる。パッケージングを取り巻く環境変化の中で，新たな戦略が模索されよう。

5-3-2)　ラベリング（表示）

　5-3-1)項と相まって考えるべき項目がラベル（表示）である。パッケージングと似ているが，ラベリングの目的は 2 つある。

　・品質表示……製品の中身の特性や品質等に関する情報を提示するため

　・使用法紹介……製品の使い方を購買者に説明するため

　ラベルの最も重要な機能は，製品の品質や成分・原材料に関わる情報表示機能である。被服から日用品にいたるまで，様々な製品でそうした表示がなされている。特に，安全性の観点から，食品に関する表示には厳しい基準が設けられている（原材料・栄養成分・添加物・アレルギー等）。詳しくは食品衛生法（1947 年），日本農林規格等に関する法律（JAS 法）（1950 年），健康増進法（2002 年），食品表示法（2013 年）等の法律を参照するとよい。

　また，パッケージ同様，ラベルもその形状，素材，配色，ロゴ，デザインなど，他のマーケティング戦略との整合性を図る機能がある。広告で見た製品ロゴネームやキャッチフレーズが，ラベルにも表記されている場合が多い。広告を見た消費者はそれらの情報が一致することで，店頭にて瞬時に当該製品ブランドを認知できる。マーケティング活動の効果を高める機能がラベルにもある。

　ところが，近年ではパッケージングで述べたような，企業の「容器包装廃棄物の排出抑制努力」の対象にラベルまでもが含まれるようになってきた。つまりラベルも製品消費後には廃棄物になるからだ。このトレンドはまだ始まったばかりだが，2020 年以降，国内外でラベルレス製品を市場投入するメーカーが多数出始めている。特にペットボトル飲料における「ラベルレス

化」は急速に浸透しつつある（サントリーやアサヒ飲料など）。プラスチックラベルの素材特性と，消費後の分別作業（ラベルを剥がす）の煩雑性の点から，「ラベルレス化」は理に適うムーブメントであろう。

　しかしながら，ここには法律の壁がある。ラベルがなくなると，表示義務のある情報が掲載できない。ラベルレスペットボトル飲料ブランドの一部は，箱やカートン単位のみによる販売で対応しているのが現状である（2020年頃から始まり2022年現在）。一方で，ペットボトル自体にラベル情報をレーザーで描画する技術開発事例（リコー）も見られ，今後のラベリング戦略の在り方に一石を投じている。

5-3-3)　付随サービス（保証・アフターサービス）

　製品戦略の中で保証やアフターサービスは，付属的属性あるいは付随機能という「なくてもよいもの」として論じられてきた。ところが現代社会における大量生産・販売，大量消費の時代においては，どの製品も中核となる便益・形態・基本的属性（なくてはならないもの）が似通ってきており，製品差別化が難しくなってきている。特に有形財の場合にはいわゆる「コモディティ化」（どのブランドを選択しても機能に差異がない）が進んでいる。したがって，保証やアフターサービスなどの付随するサービスを拡充させることは，非価格・非性能競争における競合他社との差別化に貢献する。

　また，そうしたアフターサービス（製品サポート等）を無償で提供するか，有償で提供するかの違いは，全体的な製品に関わるコストにも影響する。製品のトータルパッケージとしてどこまでの費用を含むのか，価格戦略（値決め）との兼ね合いにも影響する。

5-4)　製品ライフサイクル

5-4-1)　製品ライフサイクルとは何か

　5-2)節では新製品開発のプロセスを学んだ。それは製品がその卵であるアイデアの段階から，完成品となり市場に投入される段階までのことであっ

た。では市場に製品が投入された後，製品はどのような道程をたどるのだろうか。

　製品が市場に投入された後の時間経過と売上・利益の関係を，2軸の象限上に表現したものを製品ライフサイクル（プロダクト・ライフサイクル）という。具体的なライフサイクルは次の図表5-3のように描かれる。この図表では5-2-4)項の新製品開発の流れも含んで図示してある。

図表5-3　製品ライフサイクル

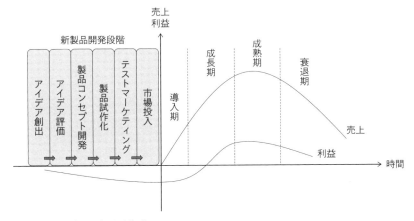

出典：鈴木（1988）より作成。

　それでは，以下にライフサイクルの各段階について概説しよう。

① 導入期
　新製品が市場に投入されてあまり時間が経過していない段階である。第3章セグメンテーションのところで説明したイノベーター，さらに早期購買者を惹きつけながら，徐々に売上を伸ばしていく。この製品がどのようなものか，どのような便益があるのか，その使用方法等も含む教育的機能のマーケティング活動を展開していく。一方で利益はマイナスである。製品開発段階で要したコストを，まだ十分に吸収できていない段階にある。

② 成長期

製品の認知が高まり，売上が増加する段階である。様々なマーケティング活動を展開し，製品の認知が市場で高まる。それに伴い，比較的早期に購買する大衆消費者が購入する。利益はようやくプラスに転じる段階である。

③ 成熟期

製品が十分に市場で認知され，売上が安定する段階である。キャンペーンなど，購入を推奨する説得的機能のマーケティング活動を展開する。後半には売上が停滞し始めるため，大幅なマークダウン（値下げ）も見られるようになる。既購買者の経験知をもとに購買を判断する，比較的遅い時期に購買する大衆消費者が購買層の中心となる。

④ 衰退期

製品の売上が減少する段階である。市場では売れ残り在庫が発生し始める。次の製品モデルに関する情報も市場では流れ始め，販売終了時期が検討される。実際に次の製品が投入されることもある。そのことを計画的陳腐化と呼び，買い替え需要を喚起する。売上が減少した製品を廃棄し，新製品を開発するかどうかは，衰退期の前から始まっている。購買逡巡者は慌てて購入することもなく，市場や販売価格，新モデルの動向に関する情報を収集する。

5-4-2） 製品ライフサイクルのタイプ

製品ライフサイクルには，導入期から衰退期のサイクルをたどるまでに要した時間の長さによって，いくつかのタイプがある。

① スタイル（Style）

ライフサイクルが最も長いタイプである。時間をかけて製品が市場で成長していき，成熟期に達するとそこから超長期にわたり市場で支持され続ける製品のライフサイクルを指す。いわゆるロングセラー商品のパターンであ

る。

② ファッション（Fashion）

ライフサイクルはスタイルほど長期ではないが，ある程度長いタイプである。ファッションも長時間をかけて成長期，成熟期をたどる製品のパターンである。アパレル業界などで使われる「○○年代ファッション」というワードがあるように，中長期にわたって消費者に支持されるトレンドを指す。

③ ファッド（Fad）

聞きなれない用語だが，ファッドとは超短期のライフサイクルのタイプのことをいう。市場に投入された直後に売上が急増し，市場でブームを起こすような製品のパターンである。ところがそのブームも長続きせず，市場に飽きられて，一気に売上が減少し市場から撤退する。打ち上げ花火型とも揶揄され，流行商品に顕著なパターンである。日用品や玩具，食品など，比較的身近な製品で発生することが多く，しかも「昔流行ったスイーツが，最近また流行り出す」といったリバイバル現象も起きることがある。

5-4-3）ライフサイクルの延命策

製品は市場に長く存在することで売上・利益の増加が期待できる。いくつかの方法によって製品を市場に長い期間滞在させ，ライフサイクルの延命を図ることができるという。以下に3つ紹介しよう。

① 製品ラインの拡張

製品ライフサイクルにおいて，成熟期の段階に移行すると市場での売上は伸び悩む。市場での購買が進み，製品が浸透すると競合他社も追随して市場競争は激しくなる。当然他社は，製品属性を変えて差別化したものを投入してくるわけで，自社も製品モデルのラインアップを増やすなどして優位に立とうとする。これを製品ラインの「拡張」という（詳細は第6章で説明）。製品の種類を増やすことで，そのオリジナルも含む製品ブランド全体のライ

フサイクルを延長させようとする方法である。標的セグメントのニーズと
いっても多様であり，嗜好は様々である。あまりコストをかけずに製品の亜
種，バリエーションを増やすことで購買が促進される。

② モデルチェンジ

衰退期を迎える製品モデルを改良し，新モデルとして新たに市場に投入す
る方法である。ライフサイクルとしては，前モデルのライフサイクルが下降
線をたどる過程で，新モデルの新たなライフサイクルが上昇線を描き始める
のが一般的である。前モデルのブランド名称を継承する場合は，ライフサイ
クルの「延命」に当たるといえよう。

なお，製品開発過程も含めてモデルチェンジに要する期間は，製品カテゴ
リーによって様々である。

③ 製品の国際移転

ある国・市場で衰退期を迎えた製品を，他の国・市場に移転させる方法で
ある。ライフサイクルが国際的な移転をするため，国際製品ライフサイクル
（IPLC：International Product Life Cycle）と呼ばれる。最初に販売された
市場でのライフサイクルの経過時間に移転先市場で販売された期間が追加さ
れる，すなわちリサイクルされることで，当該製品ブランドのライフサイク
ルは延命されることになる。この移転は一回でなく複数の異なる国・市場に
段階的に移転することが考えられている。

しかし，段階的に移転していくと問題が発生する場合もある。先行販売市
場での売れ行きや製品仕様などの情報をもとに，正規輸入販売開始前に並行
輸入品が市場で出回る，模倣品・偽造品が先行して流通するといったことが
起こる。こうした問題に対処するために，複数の市場において，世界同時発
売する戦略に切り替えるケースもある。これをグローバル製品ライフサイク
ル（GPLC：Global Product Life Cycle）と呼ぶ。ライフサイクルの延命は
せずに，むしろ同一販売期間での各市場の売上の総和に焦点を当てて，国際
的なマーケティングを構築する点で国際製品ライフサイクルとは異なる。

（事例）

コラム5　産学連携による大学研究室での新製品開発

隈村先生：

　本章では新製品開発プロセスについて学びました。そこで，私の研究室で実際に取り組んだ事例を用いて，そのプロセスをおさらいしてみましょう。具体的な製品は紹介せずに，作業工程のみについて説明します。

　① 　アイデア創出

　特定の業界のクライアントから新たなビジネスシーズの探究を目的とした共同研究を受託。業界研究と製品概念の整理，製品の機能・性質の類型化を実施。

　② 　アイデア評価

　質問票配布によるアンケート調査を複数回実施（有効回答数1500以上：一般消費者の認知度，製品利用時の問題点，ニーズや要望等を把握）。調査結果を集計し定量分析。クライアントと研究室で合同研究会を複数回開催し，ビジネスシーズを絞り込む（200案件以上→ 10件→ 3件）。

　③ 　製品コンセプト開発

　3つの異なる製品アイデアについて深く調査。競合製品・類似品との差別化ポイントを明確化。3つの製品の提供価値について検討。潜在的ニーズの有無や要望等を追加の市場調査により把握。

　④ 　製品試作化

　3つのアイデアのうちクライアント側で製作可能な2案について試作品を制作。研究室学生による使用テストが繰り返され，第1案の実現化に課題ありと判断し断念。残りの第2案の試作品の改良を継続。

　⑤ 　テストマーケティング

　一般消費者に向けた試作品のテストマーケティングは実施していない。代わりに製品投入の社会的背景の実態や市場環境に関する追加調査を実施。標的顧客層へのインタビュー調査も行い，改めて製品の市場ニーズが

あることを確信。

⑥　市場投入

　製品の一部機能に関する実用新案の申請，販売時のネーミングやパッケージング，販売価格などについての取り決めを経て，市場に投入する製品が完成。新聞社などにプレスリリースして発売。

　あやか：

　テキスト通りのプロセスを研究室の学生さんが追体験されたなんて，すごいですね。ところで，この開発プロセスは全部でどのくらいの期間を要したのですか？

　隈村先生：

　最初の共同研究受託から製品の市場投入まで３年かかりました。プレスリリース直後は多くのメディアで取り上げられたのですが，販売チャネルの確保ができずに売れない状況が続きました。４年後に再びクライアントと連携し，製品デザインのリニューアルと販路形成対策を検討しました。デザイン学を専門とする研究室の協力を得て，デザインコンペをウェブ上に展開しました。結果，全国からプロアマ問わず80件ほどの応募があり，審査で最優秀賞に選ばれたデザインが，当該製品の新デザイン候補に採用されました。そして８年余にもわたるこの産学連携プロジェクトは終了しました。

　ジョージ：

　研究室の先輩から後輩へと引き継いでいくことも大変だったんですね。自分もこんなプロジェクトに参加して最強の「ガクチカ」（学生時代に力を入れたこと）を作りたいなぁ。

第6章

製品戦略（2）
ブランディングとブランド拡張

　第5章の製品戦略（1）では，新製品開発プロセスと市場投入後のライフサイクルについて学んだ。第6章では製品戦略のもうひとつの重要な柱である「ブランド戦略」について学習する。マーケティングを学ぶ学生の間でも「ブランド」というトピックは，研究課題として人気がある。本章でブランドの定義やブランド価値を高める方法，製品・ブランドの拡がりに関する理論をしっかりと学んでおこう。

6-1）　ブランドとは

　まずブランドの定義を確認しよう。授業で質問すると意外に戸惑う学生が多い。ブランドとは，「製品・サービスの生産者や販売者を識別する名称，記号，シンボル，意匠（デザイン）またはそれらの組み合わせ」と定義される。

　また，ブランドには基本的には4つのパターンがある。1つ目は企業（コーポレート）ブランドである。これは，全ての製品ラインに同一ブランド名を付ける。統一されたイメージを生み出し，企業ブランドには社名が利用されることが多い。例えば，トヨタ，ソニー，花王，味の素などである。2つ目はファミリーブランドである。これは，別のカテゴリーの製品群（別の製品ライン）に共通のブランド名を付け，人の名字のようなものであることから，このようにいわれている。エリクシール（メーク落とし，化粧水，乳液など），植物物語（シャンプー，石鹸，洗顔料など）がその例である。

3つ目が製品群ブランドである。これは，同じカテゴリーの製品（同一製品ライン）の中で，核となるひとつの製品を中心に展開していくことになる。カップヌードル，カップヌードルカレー，カップヌードルシーフードといったものがその例である。4つ目が製品ブランドである。これは，個別の製品ごとにブランドを付けることである。多くのケースでは企業ブランドと製品ブランドは異なるが，パナソニックのように企業ブランドと製品ブランドを統一する企業も散見される（パナソニックは過去にはそれぞれ別ブランドとして展開していた）。

　その他にも「ダブル・ブランド」「ブランド・プラス・グレード」といった方法がある。ダブル・ブランドは，統一的なブランドと個々のブランドを組み合わせたものである。企業ブランド＋製品ブランドというものが多く，アサヒ・スーパードライ，アサヒ・生ビールといったものがその例であり，標的市場は同質（ビール）で，製品ラインは異質（味）の場合のブランド戦略である。次にブランド・プラス・グレードであるが，これは車の例が多く，メルセデス・ベンツのCクラス，Eクラス，Sクラス（低価格→高価格）というように，標的市場は異質だが（価格），製品ラインは同質（自動車）の場合にとられるブランド戦略である。

　ブランドは価値（エクイティ）を持っており，ある製品で成功したブランドを，別の製品においても用いる「ブランド拡張」（ファミリーブランド，製品群ブランド等）が行われている。今日では多くの新製品がこのブランド拡張を用いて市場投入されており，このことについての詳細は，6-3）節で説明を行うことにする。

　次にブランドの機能について確認しておこう。主に3つある。マーケティングにおいてブランド戦略がなぜ重要なのかを理解するうえでポイントとなる。

① 製品や企業固有の特徴を法的に保護する

　ブランド名やロゴマーク，意匠などは，その企業や製品の提供する価値や便益（ベネフィット）が何であるのかを示す重要な手掛かりとなる。した

がって，それらは安易に模倣されては困る。ブランドに使用されているテキスト情報（文言・文字）や色・意匠を定めておき，法的に保護しておく。このロゴマークなどは商標とも呼ばれる。商標とは，事業者が自社製品を他人のものと区別するために使用する識別マークのことを指す。日本では 2015 年からその範囲が広くなり，色やホログラム，動きや音（久光製薬のジングルなど）までもが企業固有の商標として認められている。

② セグメンテーション（市場細分化）に有効に機能する

市場に投入する製品は「誰に」売るのか。セグメンテーションとターゲティングを実施して売る相手を絞り込む。その際にブランドは製品の提供する価値や便益を表現しているので，標的セグメントとのマッチングが図りやすい。また，同じ製品カテゴリー内に複数の製品ブランドを保有する企業では，それぞれのブランドの特徴をポジショニングに活用することができる。

③ 企業の資産としての価値（ブランドエクイティ）を有する

ブランドとはただの名称や記号ではない。その名称を冠しているからこそ，多くの消費者に製品が認知され，購買される。もしもそのブランド名やロゴが付されていなければ，どの企業が製造してどのような価値を消費者に与えてくれるのかが分からない。ブランドは顧客が持つ製品の認知・イメージ，またその具体的な表現であり，競合ブランドとの違いやその優位性を示したものである。つまりブランドは企業にとって財産なのである。

ブランドの価値を金額に換算し，ランク付けしているものに，例えば，アメリカのフォーブス誌（Forbes）の「世界で最も価値のあるブランドランキング・トップ 100」がある。このランキングは，利益等をもとにブランドの価値を算出している。100 位までのランキングに入ったブランドは，企業ブランドあるいは製品ブランドである。2020 年のトップ 100 の中で，10 位までのブランドと，100 位までに入った日本のブランドを表してみると図表 6-1 のようになる。

1 位から 5 位までは，GAFAM（グーグル，アップル，フェイスブック，

図表6-1　ブランドランキング（2020年）

順位	ブランド名	ブランド価値
1位	アップル	2,412億ドル
2位	グーグル	2,075億ドル
3位	マイクロソフト	1,629億ドル
4位	アマゾン	1,354億ドル
5位	フェイスブック	703億ドル
6位	コカ・コーラ	644億ドル
7位	ディズニー	613億ドル
8位	サムスン	504億ドル
9位	ルイ・ヴィトン	472億ドル
10位	マクドナルド	461億ドル
11位	トヨタ	415億ドル
29位	ホンダ	245億ドル
47位	ソニー	133億ドル
77位	レクサス	103億ドル
84位	ユニクロ	92億ドル
87位	ニンテンドー（任天堂）	88億ドル

出典：Forbesサイト（https://www.forbes.com/the-worlds-most-valuable-brands/#43cf9d2d119c）より作成（2022年9月1日アクセス）。

アマゾン，マイクロソフト）と呼ばれるアメリカの大手IT企業が入っており，1位のアップルは，24兆1200億円（ここでは粗く，1ドル100円換算とする）のブランド価値にもなる。

　日本のブランドは10位までに1社も入っておらず，100位までに入っているものは，11位のトヨタ，29位のホンダ，47位のソニー，77位のレクサス，84位のユニクロ，87位のニンテンドーであり，11位のトヨタで4兆1500億円のブランド価値となっている。

6-2）　ブランド化

　ブランド化（ブランディング）とは，製品に名前を付けて，他社製品と異なる要素・特徴（機能，仕様，デザイン，意匠など）や価値を，明確に消費者に示す過程のことである。ブランド化によって，誰によって提供されている製品なのか，何をする製品なのか，他の製品との違いは何かについて，消費者は理解することができる。

　読者の多くは，図表6-1に載っているブランド名の大半を知っていることだろう。金額換算した高いブランド価値を創出しているのだから，これらは世界規模でブランド化に成功しているといえよう。

　企業（トヨタ），製品・サービス（iPhone），店舗（サーティワンアイスクリーム），個人（マイケル・ジョーダン），組織（オックスフォード大学），場所（京都）など，ブランド化の対象は様々である。

　ではどのようにして「ブランド化」がなされていくのかを考えてみよう。

6-2-1）　ブランド名の選択

　ブランド化がなされる過程において，ブランド名の選択決定は重要となる。ブランド名は製品の便益や品質を示唆するものでなくてはならない（例えば，小林製薬の「熱さまシート」や「トイレその後に」など，製品機能や用途をブランド名に冠するものもある）。そして以下の点においても，明確に他社ブランドと区別されることが重要である。

　①　知覚（発音・認識・記憶）が容易なもの
　消費者が名称を覚えやすいこと。言語的に分かりやすく記憶に残る。

　②　他と差別化しやすいもの
　同業他社ブランド名称のみならず，異業種の製品・サービスにも類似した名称がないこと。明らかな違いを認識できる。

③　商標登録や法的保護が可能なもの

名称・意匠・ロゴなどの商標を登録できること。類似あるいは模倣から自らのブランドを守ることができる（海外市場における商標権確保の問題も発生している）。

6-2-2）ブランド主体の決定

ブランドを保有する主体は誰かによってもブランド戦略の展開は違ってくる。

①　生産者ブランド（NB：National Brand）

製造業者・生産者が保有するブランド。メーカーが自社で生産した製品について，自ら決定したブランド名を付ける。全国で入手できるブランドであるため，ナショナルブランドとも呼ばれる。

②　販売者ブランド（PB：Private Brand）

流通業者が開発・所有するブランドのことで，プライベートブランドとも呼ばれる。製造業者ではなく販売業者が自ら企画した製品などに，自ら決定したブランド名を付ける（イオンのトップバリュなど）。

③　ライセンシング

既に他の生産者により企画・使用されているブランドを使用すること。ブランドの使用料（ライセンシングフィー）を支払う。キャラクター商品等では頻繁に見られる。

④　共同ブランド

複数企業の異なるブランド名を同一製品に使用すること。通称コラボブランディング。元々音楽産業やファッション業界で散見された手法だが，ブランド構築にコストや時間がかかる場合や，自社単体では強いブランド構築が不可能な場合にとられる手法である。お互いのブランドの持っている強みを

活かす（家具，自動車，高級腕時計など）。

なお，コラボブランディングでは関わった複数の企業名が表に出るが，OEM（Original Equipment Manufacturer：相手先（委託者）ブランド名製造）では内製部品等の供給側のブランド名は表に出ない。競合他社と組んで互いの独自技術（強み）を共有・補完し合い，両社が別々のブランド名で製品展開するケースも出てきている（トヨタとスバルのスポーツカー，ヤマハとブリヂストンの電動アシスト自転車など）。

6-3)　ブランドの拡張

ここまでブランドとは何か，ブランド化を推進するためには何が必要なのかについて議論した。一度ブランド化が確立した製品・サービスは，その後どうなるのだろうか。長期間にわたりブランド力を維持するものもあれば，時間の経過とともに衰退するブランドも当然あるだろう（第5章5-4）節の製品ライフサイクルの項目を参照）。マーケターは市場環境の変動に合わせてブランドの在り方を絶えず変化させながら，市場内での，そのブランド価値の維持に努めなければならない。

そこでこの節では，「製品ライン・ブランド拡張モデル」（図表6-2参照）

図表6-2　製品ライン・ブランド拡張モデル

	既存の製品カテゴリー	新製品カテゴリー
既存のブランド名	ライン拡張 ・低コスト低リスクで顧客の多様なニーズに対応 例：菓子類の多様な味や形状，サイズなど	ブランド拡張 ・新ブランド構築より低コスト 例：ガムブランドのキャンディ石鹸ブランドの除菌シートなど
新ブランド名	マルチブランド ・シェアの共食い 例：衣料用洗剤，飲料など	新ブランド ・ブランド構築が高コスト ・企業買収等 例：ファミリーコンピュータ，Gショック

出典：コトラー＆アームストロング＆恩藏（2014）より作成。

を用いて，市場環境変化に合わせたブランド戦略の展開について概説する。

6-3-1)　ライン拡張

　ライン拡張とは，既に使われているブランド名を，その製品カテゴリー内の新製品において使う戦略である。消費者の嗜好など多様なニーズに対応する場合や，新たな標的顧客層を開拓する際に，ブランド価値を変えることなく，低コストかつ低リスクで対応できる。

　例えば，菓子類では同一のブランド名のもとに様々なフレーバーや味，形状，サイズのバリエーションがある（ポテトチップスのわさび醤油味など）。製品ラインを「拡張」することで，様々な消費者の嗜好に適応することができる。ときに「期間限定」や「地域限定」販売として生産・出荷量を調整し，需要状況や売れ行きを調査することで，新製品として定番化させるかを検討するケースもある。

6-3-2)　ブランド拡張

　ブランド拡張とは，ある製品カテゴリーにおいて既に使われているブランド名を，別の製品カテゴリーでの新製品において使う戦略である。新たな製品カテゴリー内での新製品に，既に別のカテゴリーで認知されているブランド名の強みを「拡張」することで，全くの新ブランドを構築するよりも低コストで対応できる。

　例えば，ロッテのキシリトールガムのブランド名をタブレット・ラムネの製品に冠したり，ライオンのキレイキレイ（ハンドソープ）を薬用消毒ジェルや除菌ウェットシートに適用したりする場合がこれに該当する。

　しかし，注意しなければならない点がある。それは適用する製品カテゴリーの特性・ジャンルが，使用するブランド名の元の製品カテゴリーのそれと乖離しすぎると，元々のブランドイメージを崩してしまうリスクがあるということである。例えば，耐久消費財のブランド名を食品カテゴリーの新製品に拡張したら，消費者はどう感じるだろうか。拡張先の食品の味の連想ができないだけでなく，逆に元の製品の訴求する精密さや耐久性のイメージが

崩れないだろうか。

　したがって，ブランド拡張戦略は，元の製品カテゴリーの周辺に存在する類似した製品カテゴリー内の新製品に対して，適用するのが望ましいのである。

6-3-3)　マルチブランド

　マルチブランドとは，特定の自社ブランドが既に存在する製品カテゴリーにおいて，新たなブランド名を冠する製品を，追加投入する戦略である。複数のブランドが同一製品カテゴリー内に存在することになるため，「マルチ」ブランドと呼ぶ。

　多くの日用品や飲料・食料品カテゴリーにおいて，同じ生産者から販売されている複数のブランドが存在しているのがこれに該当する（アタックとニュービーズ（花王）やリプトンとクラフトボスレモンティー（サントリー）など）。

　この戦略の問題点は，複数のブランドが存在することで「一人のお客様」を奪い合うこと，つまり自社製品シェアの共食い（カニバリゼーション）が発生することである。これを回避するためには，複数ブランドのそれぞれのターゲティングやポジショニングの明確化と，流通チャネルの管理を徹底することが必要となる。

6-3-4)　新ブランド

　新ブランドとは，新しい製品カテゴリーにおいて，全く新しいブランド名を冠した製品を投入する戦略である。新たにブランドを構築するので，多額の費用がかかる。また市場でのブランド認知を獲得するための多額の販売管理費用がかかりやすい。

　ニンテンドーのファミリーコンピュータやカシオのGショックなどは，そのブランド名だけでなく，それぞれテレビゲームやタフでおしゃれな腕時計といった新たな製品カテゴリーの開拓にもつながったパワーブランドのひとつとなっている。

　この戦略においては，既に市場で認知・イメージされているブランドを保有する企業を買収し傘下に収めることで，多額の投資や高い市場不透明性を回避するケースも見られる。競争環境が激化し市場が飽和状態に近付くと，ブランド間の差異が小さくなる「コモディティ化」が発生する。保守的な消費者は，より認知度の高いブランドに傾倒し，未知のブランドの購入を避ける行動をとるようになる。よって新ブランド戦略は企業にとって大きな挑戦となろう。

　消費者から見て，魅力的なブランドを抱える企業は，収益性や安定性において強い。魅力的な強いブランドを構築し育成するには，多額の費用と時間がかかる。

　ブランドが，市場で認知され販売を伸ばせるように成長したら，次はそのブランド価値をより深く幅広く活用しながら維持していくことが戦略上重要となる。

6-4）　ポジショニングとブランドの関係

　ブランドは，何らかの固有の「記号」として消費者の脳に刻み込まれる。この記号はなぜ重要なのか。もちろん法的にブランドを保護し，無形の資産価値を有する点で重要である。しかし最も重要な点は，自社製品を市場内でどのように位置付けたいのかという，ポジショニングを決定付ける点である。標的顧客が企業の意図通りに認知し購入してくれれば，顧客内シェア（顧客が購入した同一製品カテゴリーの購入金額に対する自社製品が占める割合）が高まり，製品ロイヤルティも高くなる。多数のブランドがひしめき合う製品カテゴリーにおいては，もはやマーケットシェア獲得ではなく，特定セグメントにおける顧客内シェアの獲得に戦略転換しなければならなくなっている。

　モノが不足していた時代では，ひとつの企業ブランドが製品カテゴリーのリーダーとなり，大衆を魅了する製品ブランド群を市場に投入していた。

標準化の時代である。しかし競争が激しくなり市場でモノが溢れるように
なると，個々の製品ブランドの持つ魅力が特定のセグメントを捉える，差
別化のブランディングが重要な時代となった。さらにその差異が薄れて，
「個」を標的とするブランディングが必要となった。ICT や EC（Electric
Commerce：電子商取引）に関する革新と，ソーシャルメディアの普及など
により，ブランディングの個別化はますます進行している。

　「多くの人に愛されるブランド＝強いブランド」という式は今も変わらな
いだろう。しかし，他人や市場が評価するブランドではなく，自分自身が高
評価するブランドや，自己投影できるマイ・ブランドを選好する消費者が増
えていることを，現代のマーケターは看過できない。

（ディスカッションポイント）
ブランド拡張の功罪

 隈村先生：

　ブランドは市場環境や需給関係に合わせて変化することを本章で学びましたね。そこで考えてもらいたいことがあります。君たちは「コアラのマーチ」というお菓子を知っていますか？

 あやか：

　知っていますよ。私は好きで子供のときからよく食べてます。

 ジョージ：

　確かロッテのチョコ菓子ですよね。どれどれググッてみるかな。「1984年3月にロッテが販売するチョコレートブランドのひとつとしてデビューした「コアラのマーチ」。チョコレートを薄いビスケット生地で包んだ一口サイズの菓子で，表面にコアラのキャラクター絵柄が描いてある。その可愛い絵柄が若年層に人気となり，1988年ごろには，低確率で混じる希少な絵柄をゲットすると幸運が訪れるという「都市伝説」が流行した。1992年のいちご味の投入を皮切りに，その後も数多くの味やパッケージのバリエーションが増えた。期間限定商品や他社とのコラボレーション企画商品なども投入されている」らしいです。

 隈村先生：

　そうだね，いろいろな味が発売されており，本章で学んだ製品の「ライン拡張」戦略が実行されたことが分かります。その「コアラのマーチ」ブランドがユニークな製品「拡張」をした事例があるので，紹介しましょう。
　2009年9月に玩具メーカーのバンダイが「コアラのマーチ」の入浴剤を発売しました。チョコレートといちご＆ミルクの2種類で，価格は各

280円。本物そっくりの箱形（サイズは本物よりも少し小さい）パッケージに，内容物の菓子に模した大粒の炭酸ガス入浴剤が1個入っている。これを湯船に入れて溶かすと，チョコレートの匂いが湧き立ち，最後に本物のビスケットを模したプラスチック製のオーナメントが1個出現する（サイズは本物と同程度）仕組み。オーナメントのマスコットキャラクターにも多様な絵柄が用意され，本物でも人気を博した「まゆ毛コアラ」などのラッキーコアラや，入浴剤オリジナル絵柄まで揃えられていたそうです。販売は2010年3月までの半年間実施され，30万個の目標販売個数が設定されたビジネスでした。

　さて，この入浴剤となった「コアラのマーチ」の「拡張」を君たちはどのように評価しますか。この拡張は「あり」ですか「なし」ですか。本章で学んだ4つの拡張パターンとその特徴に照らし合わせて自由に考えてみましょう。

　あやか：

　えー，難しいですね。でも可愛いキャラクターで人気のチョコ菓子だから，入浴剤が発売されたら買っちゃうかも。友達にギフトとして贈るのも喜ばれそうだし，たぶんウケるよね。私は「あり」かな。

　ジョージ：

　僕はやっぱりテキストで習ったように，お菓子のブランド名を食べ物ではない製品カテゴリーの製品に付けて販売するのはよくないと思います。ブランドイメージを損なうリスクというよりも，小さい子供が間違えて食べたりするかもしれないし。僕はやっぱり「なし」ですね。

　隈村先生：

　それぞれ意見が分かれたね。少し解説しましょう。もちろんここでは，当時，ロッテとバンダイの間でどのような戦略的決定や契約がなされたのかは不明とします。

　まず，本章で解説した図表6-2のモデルを用いるならば，「菓子ブランド名称を入浴剤カテゴリーに転用した」ため，「ブランド拡張」に該当します。しかし，この概念では同一企業が既存のブランド名称を新たな製品カテゴリーに使う場合が前提です。つまり，ロッテがコアラのマーチの入浴剤を販売する場合となります。したがって，バンダイが「コアラのマーチ」ブランド名称をロッテから借りて入浴剤を作ったのであれば，厳密にはこの拡張のケースには該当しないと論じることができるでしょう。

　どうですか？　現実に起きている現象に対して，ひとつの理論だけから焦点を当てて接近しても，理解し難いことがありますね。

　次に，このような食料・飲料品ブランド名称を冠した入浴剤への「拡張」の事例は，今も多く見られます。そこで起きているのは，ジョージくんが指摘したような「誤食・誤飲」の問題です。子供よりもむしろ菓子類の具体的な製品ブランド認知が低い高齢者の誤食被害が増えている傾向にあります。もちろん行政は，国民生活センター等を通じて，そうした誤食誤飲が発生しないように，製造販売業者に対しては必ず食品ではないことをパッケージ等に明示するように指導し，一方で消費者に対しても，こうした製品を食品と違う場所に保管すること，贈答時には必ず食べ物・飲み物ではないと伝えることを呼びかけています。

　あやかさんの意見にもあったように，形状や包装，色・匂いまでも本物そっくりであることが，こうした製品の購入動機や付加価値であるという説もあるようです。

　あやかさんとジョージくんのどちらの意見が正しいというのはありません。本事例を通じて，今一度「既存ブランドのカテゴリーからかけ離れた製品カテゴリーへのブランド名称の転用は，オリジナルブランドのイメージを崩すリスクがある」という意味を再考してみてはどうでしょうか。

　参考：ロッテ「コアラのマーチ」サイト（https://www.lotte.co.jp/products/brand/koala/index.html）2022年9月1日アクセス。

第7章

価格戦略（1）
価格設定の基本的なアプローチ

　価格（Price）は，製品の持つ価値を金銭的に表したものである。価格を
どのように決定するかについては，非常に重要で，それは製品の売上や利
益，マーケットシェアに影響し，さらにブランドイメージにも影響する。
高価格にすればよいというわけでもないし，低価格がよいというわけでもな
い。また「良質なものを低価格」にすればよいのかというと，そういうわけ
でもない。実際にどのように価格を決定するかについては，多くの方法や考
え方が存在する。
　第7章と第8章では価格戦略について説明する。そこでまず，本章では価
格設定の基本的なアプローチについて説明することにしたい。

7-1）　価格設定のアプローチ

　価格設定は，基本的には，コスト，需要，競争に基づいた3つのアプロー
チがある。

7-1-1）　コストに基づく価格設定
　まずコストに基づく価格設定である。これは，コストすなわち費用に一定
の利益率を上乗せして価格を設定する方法であり，コスト・プラス法と呼
ばれている。流通業者では，仕入れ原価に利益の上乗せを行うことから，
マークアップ法とも呼ばれている方法である。例えば，1万台の販売を目標
とするスマホがあるとする。製造コストが5億円とし，販売するためのコス

ト（広告費，輸送費等）が5億円とする。1台当たりのコストは，（製造コスト5億円＋販売コスト5億円）÷販売量1万台＝10万円となる。これに利益率30％上乗せする場合，価格は，1台当たりのコスト10万円×（1＋利益率30％）＝13万円となる。この方法はコストを把握し，価格設定を行うことになる。販売量はあくまで目標や予想であり，その数量が販売できず，目標とする利益額を得ることができない危険性が存在することになる。コストに基づく価格設定の際に，損益分岐点，すなわち損益が釣り合うことを加味すれば，価格設定は，より洗練されたものとなる（本章末コラム7参照）。

　コストに基づく価格設定では，コストをまず考え，価格を決め，そしてその次に顧客のことを考えていく，価格設定の基本的なアプローチといえる。

　企業活動に関わるコストには，大きくは固定費と変動費の2つがある。固定費は製品の生産量に関係ない工場の設備費等であり，変動費は製品の生産量に比例する，生産量に応じて変化する原材料費，工場のメンテナンス費等である。これらのことと，コストに基づく価格設定のアプローチに影響するものとして，ここでは，規模の経済と経験効果，さらに経験曲線を挙げることができる。

　規模の経済とは，ある製品の1単位当たりコストが，操業の規模（生産量）が拡大するにつれて低下していくことである。製品の生産量が増加すれ

図表7-1　規模の経済

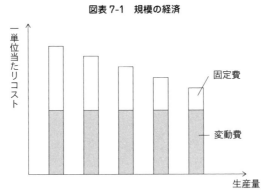

出典：筆者作成。

ば，1単位当たりの変動費はあまり変化しないが，固定費を下げることができる。つまり，生産量を増加すること，すなわち規模の拡大によって低コストを実現できるようになる（図表7-1参照）。

　さらに生産量が増加すれば，原材料が増加することになり，その仕入れ先に規模の経済が働くことがあり，このことで原材料の仕入価格が下がるため，規模が拡大すれば変動費も規模の経済が働くことがある。

　次に，経験効果とは，過去から現在までの累積の経験量により，効率的な運営が可能となることで，コストが低下していくことである。工場や事業を長期間運営していると，労働者の仕事の習熟による効率化，作業の標準化や改善，製造工程の標準化や改善，製品の標準化等，累積の経験（このことを学習ともいう）によって，年間の生産量と固定費を同じとし，数年単位で見てみると，原材料やメンテナンス等の無駄がなくなり，ある製品の1単位当たりの変動費の低下につながることになる（図表7-2参照）。

　そして，規模の経済と経験効果を合わせると，生産のコストと累積生産量（製品を生産開始し，ある時点までの生産量の累計数量）には，経験的に一定の相関関係の傾向が見られ，これを経験曲線という。累積生産量の増加により1単位当たりの固定費と変動費が低下するのである。縦軸に1単位当たりコスト，横軸に累積生産量をとると図表7-3のような曲線（曲線は直線を

図表7-2　経験効果

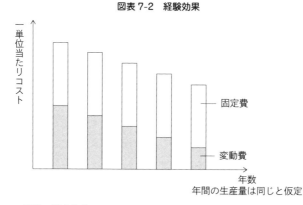

出典：筆者作成。

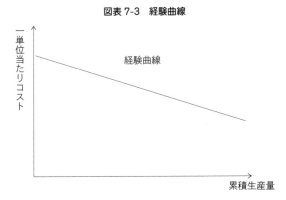

図表 7-3　経験曲線

出典：筆者作成。

含む）を描くことができる。

　経験曲線は，累積生産量が大きい企業は低コストを実現でき，累積生産量が小さい企業より価格競争力が大きくなることを意味している。そこで，企業は，将来のコスト低下を見据えて，低価格によって顧客を獲得するため，累積生産量を増大させる戦略，例えば，第5章で説明した製品ライフサイクル上の成長期の早い時期に，マーケットシェア獲得のための企業合併の実施等を採用することがある。日本企業にこの傾向が見られ，このことをマーケットシェア（市場占有率）至上主義と揶揄されることがある。競合企業も同様のことを実施すると，非常に激しい価格競争に陥ってしまう可能性が高まる。

7-1-2）　需要に基づく価格設定

　次に需要に基づく価格設定である。この場合の需要とは，顧客はその製品を欲しいと思っているか，顧客はいくらであれば購入してよいと考えているかということであり，そういったことを基点に価格を設定していく方法である。顧客に受け入れられる価格をまず設定し，その後にコストや利益について考えていくアプローチである。したがって，価格－コスト＝利益という構図となるので，企業は顧客が受け入れる価格を設定しつつ，いかにコストを

抑えて利益を増やすかというインセンティブが働く。7-1-1) 項のコスト・プラス法のように一定の利益額や利益率をあらかじめ設定しないので，獲得する利益の大きさは企業の費用削減努力次第である点がコスト・プラス法と異なる。

　需要に基づく価格設定では，まず顧客を考え，価格を決め，そしてその次にコストのことを考えていくことになり，顧客の製品に対して感じる価値，すなわち知覚価値を基準とするため，知覚価値志向型価格設定ともいわれている。

7-1-3)　競争に基づく価格設定

　そして競争に基づく価格設定である。同様の製品を販売している競合企業との競争を基点とし，価格を設定する方法である。これには業界で実際に売買されている価格と同様に設定するという「実勢価格」と，短期間で売上を上げ，マーケットシェア拡大のため，競合企業より低価格に設定する，あるいは競合企業との違いを強化するために高価格を設定するといった，競争的な価格設定もある。価格を決定する影響力を持っている企業をプライス・リーダーと呼び，その価格に追随する企業をプライス・フォロワーと呼ぶ。

　また「入札価格」という，競合する複数の企業が文書によって提示する価格によって決める方法もある。最近では，我々消費者もこの入札価格による売買を行っている（例：メルカリ，ヤフーオークション）。

　競争に基づく価格設定では，まず競争（競合企業）のことを考え，価格を決め，そしてコストのことを考えていく。

　以上，コスト，需要，競争に基づいた，3つの価格設定について説明を行った。現実にはこれらのうちどれかひとつのアプローチを使って価格設定をするということはまずない。3つをバランスよく活用することが重要である。その際，需要の価格弾力性の視点を用いると，価格設定はさらに洗練されることになる。

7-2）需要の価格弾力性

　需要の価格弾力性とは，簡潔に説明すれば，「価格の変化によって需要量がどのくらい変化するか」を見るものである。

　第1章で説明した通り，需要（ディマンズ）とは，市場の買い手（顧客）で，ニーズやウォンツがあり，買う意思を持ったもののことで，ここでは，例としてアイスクリームの市場を考える。現実の購入は，買い手の嗜好，季節や気温など様々なことに影響を受けることになるが，ここでは単純に，買い手はアイスクリームの価格によって購入を決めると考える（このことをプライス・テーカーと呼ぶ）。一般的には，価格が低いときには需要量（数量）は大きく，価格が高くなるにつれて，需要量は少なくなっていくことになる。アイスクリームの価格が高くなると，アイスクリームに代えて，似たような機能がある，より価格の低い別の製品（例：安いかき氷）を購入するようになるからだ。このことを「代替効果」と呼ぶ。また，価格が高くなると，実質的に買い手の購買力を低下させることにつながる。財布に1000円あったとして，アイスクリームが1個税込み100円のときは最大10個購入できるが，アイスクリームが1個税込み200円であれば最大5個しか購入できなくなるのがその例である。このことは，資金的余裕がなくなることであり，「所得効果」と呼ばれている。

　ここで，図表7-4のようなアイスクリームの価格と需要量の関係があると

図表7-4　アイスクリームの価格と需要量の例

価格	需要量（数量）
40円	160個
60	140
80	120
100	100
120	80
140	60
160	40
180	20

出典：筆者作成。

図表 7-5　需要曲線

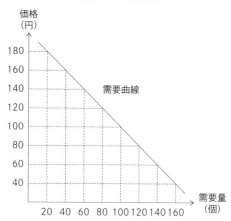

出典：筆者作成。

する。これらのことを前提に，縦軸に価格，横軸に需要量をとると，価格が低くなると需要量が大きくなる（増大する）ことになり，右下がりの需要曲線を描くことになる（図表 7-5 参照）。この，価格が低くなると需要量が大きくなることを需要法則と呼ぶ。

　そして，需要の価格弾力性とは，価格が変化したとき，需要量がどれだけ変化するかということであり，需要量の変化率（変化の割合）を，その変化を引き起こした価格の変化率で割ると求めることができる。したがって，需要の価格弾力性は，価格の 1％の変化に対して，需要量が何％変化するのかを表すものである。具体的には，以下の式で表される。

　　需要の価格弾力性＝｜需要量の変化率｜÷｜価格の変化率｜

　需要量の変化率と価格の変化率は，それぞれ，増減値÷基準値×100（％）で求め，絶対値（｜数値｜）で表すことになる。絶対値は，ある数値の 0 からの距離を示し，その数値から負の符号を取り除いて表すことになる。

　上記の図表 7-5 のように，例えば，アイスクリームの価格が 100 円から 120 円に上がり，需要量が 100 個から 80 個に減った場合，価格の変化率は，｜（120−100）÷100×100｜＝20％であり，需要量の変化率は，｜（80−100）

÷100×100｜＝20％であり，需要の価格弾力性は，20％÷20％＝1になる。

　実際の価格設定においては，需要の価格弾力性は次のように活用される。図表7-6のように，需要の価格弾力性が1より小さい場合（｜需要量の変化率｜＜｜価格の変化率｜）は，需要の価格弾力性が低いともいい，例えば，価格を下げても需要量にあまり変化がない。これを製品Aとする。また，需要の価格弾力性が1より大きい場合（｜需要量の変化率｜＞｜価格の変化率｜）は，需要の価格弾力性が高いともいい，例えば，価格を下げると需要量が大きく変化する。これを製品Bとする。図表7-6で示されているように，同じ価格の変化であっても，製品Aと製品Bでは需要量の変化に違いがある。

　製品Aは，日常的に購買頻度が高く，顧客が比較的労力をかけずに習慣的に購買する，お米などの食料品や洗剤などの生活必需品，ファーストフード等の「最寄品」，製品Bは，顧客が計画的に特別な購買努力を行う，高級腕時計や高級車，有名デザイナーの衣料品等の「専門品」や「ぜいたく品」である場合が多い。

　上記のような製品Aと製品Bの2つがある場合，例えば，製品Aは競合

図表7-6　需要の価格弾力性

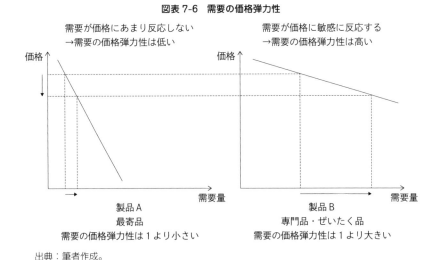

出典：筆者作成。

他社が価格を下げてきても，需要の変化はあまりないので，しばらくは対抗策をとらなくてもよいであろうし，逆に価格を引き上げても，需要はそこまで大きくは変化しない。そして，製品Bは価格を下げれば，需要が大きく変化してしまい，また価格を上げても，需要は大きく変化してしまう。製品Bの価格設定は慎重にならざるを得ない。

　このように，製品の需要の価格弾力性が分かれば，価格設定の際に大いに参考になるのである。

コラム7 （解説・演習）
損益分岐点を活用したコストに基づく価格設定

ジョージ：

損益分岐点ってどういうことかな？

あやか：

　損益分岐点って，損失が出るか，つまり赤字になるか，利益が出るか，つまり黒字になるかについての分岐点ってことだと思うんだけど。

隈村先生：

　そうですね。では具体的にどのように求めるか説明しましょう。売上高（販売額）とコスト（費用），この2つから，損失と利益が釣り合う損益分岐点を求めます。

　縦軸にコスト，横軸に売上高をとります。この場合のコストとは，固定費と変動費からなります。固定費は，工場の設備費等のことで，売上の増減で変化せず，一定です。変動費は，原材料費等のことで，売上の増減で変化し，売上が増加すれば，増加していくことになります。そして固定費と変動費を合わせたものが総コスト（固定費＋変動費で表す）になります。利益＝売上高－総コストであり，売上高＝総コストであるのが，損益分岐点であり，売上高＞総コストであれば利益が出ている状況を示すことになります。したがって，売上高＝総コストを表す45度線（点線）を引くと，総コストの曲線と，45度線の交差する点が損益分岐点となり，それより多い売上高であれば黒字（利益が出る）となり，それより少ない売上高であれば赤字（損失が出る）となってしまいます。これを損益分岐点分析といいます（図表コラム7-1）。

　損益分岐点分析によって，どれだけの売上高であれば，利益が出るのかが分かります。損益分岐点売上高は次の式で求めることができます。

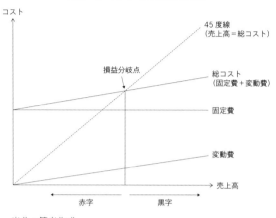

図表コラム 7-1　損益分岐点分析

出典：筆者作成。

　損益分岐点売上高＝固定費÷（1－変動費÷売上高）

　（1－変動費÷売上高）は，限界利益率を意味します。これは売上高から変動費を差し引いた金額である限界利益が，売上高の中に占める割合のことです。また，変動費÷売上高のことを変動費率といいます。ちなみに，損益分岐点売上高を価格（販売単価）で割る，または固定費を1個当たり限界利益で割ると，損益分岐点販売量を求めることができます。

　さらに，上記の損益分岐点売上高の式の分子の固定費に目標利益を加えると，次のように目標利益達成売上高を求めることができます。

　目標利益達成売上高＝（固定費＋目標利益）÷（1－変動費÷売上高）

　ちなみに，目標利益達成販売量は，（固定費＋目標利益）を1個当たり限界利益で割ると求めることができます。

　ジョージ：

　なるほど。損益分岐点を活用したコストに基づく価格設定では，損益分

岐点売上高や目標利益達成売上高を踏まえて目標販売量を決める必要があ
りますね。

　目標販売量のもとで，総コストに対し，目標利益率を上乗せし，価格を
設定すると，式は次のように表すことができます。これは，7-1-1)項で
説明のあったコスト・プラス法と同じものですね。

　価格＝総コスト×（1＋目標利益率）÷目標販売量

　隈村先生：

よく理解できていますね。
それでは力試しに，以下の問題を解いてみてください。

　問題：
　固定費が 100 万円，変動費が 40 万円，売上高が 200 万円で価格が 1
個 1000 円の製品があるとする。この場合の(1)利益と(2)損益分岐点売上高
と(3)損益分岐点販売量を求めなさい。
　また上記の条件のもとで，目標利益を 60 万円と設定したときの(4)目標
利益達成売上高を求めなさい。

　解答例：
　利益は売上高−総コストであり，総コストは固定費と変動費を合わせた
ものなので，200 万円−（100 万円＋ 40 万円）＝ 60 万円となり，(1)利
益は，60 万円となる。次に，損益分岐点売上高は，固定費を限界利益率
で割って求めるので，100 万円÷（1 − 40 万円÷ 200 万円）＝ 125 万
円となり，(2)損益分岐点売上高は，125 万円となる。そして，価格が 1
個 1000 円であり，損益分岐点売上高を価格で割れば，損益分岐点販売量
となるので，125 万円÷ 1000 円＝ 1250 個となり，(3)損益分岐点販売
量は，1250 個となる。
　また，目標利益達成売上高は，固定費に目標利益を加えたものを限界

利益率で割って求めるので，（100 万円＋ 60 万円）÷（1 － 40 万円÷
200 万円）＝ 200 万円となり，⑷目標利益達成売上高は，200 万円とな
る。これは，⑴の答え（売上高が 200 万円のときの利益は 60 万円）か
ら正しいことが分かる。

第8章

価格戦略（2）
具体的な価格戦略

第7章で説明した価格設定の基本的な考え方，あるいはアプローチをもとに，第8章では具体的な価格戦略について説明を行っていく。

8-1）　新製品の価格戦略

新製品に対して行われる価格戦略は，製品が市場に投入（導入）されてすぐの製品販売初期に，高価格を設定し，利益を獲得することを意図した初期高価格戦略と，低価格を設定し，マーケットシェアを獲得することを意図した初期低価格戦略の2つに大きく分類することができる。

① 　初期高価格戦略

まず初期高価格戦略であるが，これは販売当初から高い価格を設定し，価格に敏感でない人や，需要の価格弾力性が低い場合，あるいは高価格であっても早く新製品を購入したいという顧客に販売しようとする価格戦略である。早い段階で利益を獲得しようとする戦略である。市場の上澄み部分（市場の一番おいしいところ）を「すくい取る」ということから，スキミング・プライス（上澄み吸収価格）戦略とも呼ばれる。

② 　初期低価格戦略

次に初期低価格戦略である。価格に敏感である人や，需要の価格弾力性が高い場合にとられる戦略であり，低価格に設定し，製品を市場に投入し，早

い段階でマーケットシェアを獲得しようとする戦略である。マーケットシェアを早い段階で獲得すれば，第7章で説明したように，規模の経済や経験効果という点で，競合企業に対して価格競争力を持つことになる。低価格によって，短期間で市場に製品を浸透させるということから，ペネトレーション・プライス（市場浸透価格）戦略とも呼ばれる。

　初期低価格戦略は，導入された後そのままずっと低価格で販売し続けることになるが，低価格で導入され，一定期間を過ぎると本来の価格に引き上げる価格戦略を導入価格戦略と呼ぶので，これらの違いには注意してほしい。

8-2）　製品ミックスの価格戦略

　第5章で説明したように，同じ企業で複数の製品を扱っていることを製品ミックスと呼ぶが，このことを考慮した価格戦略について説明していこう。ここでは，ライニング価格戦略，抱き合わせ（バンドル）価格戦略，そしてキャプティブ価格戦略を取り上げる。

　①　ライニング価格戦略
　まず，ライニング価格戦略であるが，これは高価格製品からお手ごろ価格の低価格製品まで展開する価格戦略である。BMWの自動車の3シリーズ，5シリーズ，7シリーズといった製品グレードが価格を表している（この場合，低価格→高価格）のがその例である。その他にも，ネクタイやウイスキーでこの価格戦略がとられている。

　②　抱き合わせ（バンドル）価格戦略
　抱き合わせ価格戦略とは，複数の製品やサービスを組み合わせ，個別に購入した場合のトータルの価格より低価格に設定している価格戦略である。抱き合わせのことをバンドルともいう。アトラクションごとに料金が設定してある場合のアトラクションの利用料金が既に含まれた遊園地のチケットや，ファーストフード店のセットメニュー，焼肉食べ放題や居酒屋の飲み放題等

がそれに該当する。

③　キャプティブ価格戦略

　キャプティブ価格戦略とは，本体の販売で利益を上げるものではなく，本体の補完品という継続的消耗品の販売によって利益を上げる価格戦略である。例えば，インクジェットプリンターやシェーバーは本体を低価格で販売し，継続的消耗品であるインクカートリッジや替え刃の価格を高く設定し，販売している。

　キャプティブというのは，虜（とりこ）という意味がある。主となる製品を低価格に設定して，購入してもらい，そのことで虜にし，関係するそれ以外の製品の価格を高く設定し，継続購入させて利益を上げようとするのである。

8-3)　消費者心理の価格戦略

　消費者の心理を考慮して，企業は価格戦略を行うことがあり，消費者心理の価格戦略と呼ばれる。ここでは，端数価格，慣習価格，威光価格の3つの価格設定について説明を行う。

①　端数価格

　端数価格は，9や8を伴った価格であり，俗にキュッパー（98）価格ともいわれ，98円のスナック菓子，980円の靴下（3足）といった「お買い得感」をアピールする価格設定の方法である。上記の例でいえば，10円台と100円台，100円台と1000円台など消費者に与える印象は大きく違うとされる。

　図表8-1は，端数価格が働く場合の需要曲線を表している。100円の場合と98円（端数価格）の場合の需要量は大きく異なる。

②　慣習価格

　慣習価格は，長期間同じ価格で販売されてきたため，その価格が消費者の

図表 8-1　端数価格の需要曲線

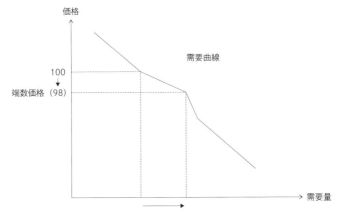

出典：和田・恩藏・三浦（2022）より作成。

間で定着してしまったものである。自動販売機の缶ジュースの価格がその例である。1992 年以前は長期間 1 本 100 円であったが，1992 年に 110 円，1998 年に 120 円，2014 年に 130 円と，ほぼ消費税増税に合わせて価格が上がってきている。

　図表 8-2 は，慣習価格の場合の需要曲線を表している。慣習価格が定着し

図表 8-2　慣習価格の需要曲線

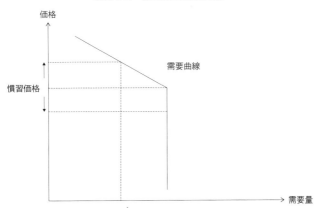

出典：和田・恩藏・三浦（2022）より作成。

ていると，それより高価格になると需要量は減少することになるが，低価格
になっても需要量はあまり変化しないという特徴がある。

③　威光価格

　威光価格は，宝飾品や高級腕時計，高級車等，製品の持つ高い品質や，消
費者がそれを所有することによって獲得できる社会的地位（ステータス）の
高さを訴えるために，高価格に設定するものである。名声価格とも呼ばれて
いる。

　図表8-3は，威光価格の場合の需要曲線を表している。威光価格から価格
が低下する場合，需要量は減少することになってしまう（通常の右下がりの
需要曲線であれば，需要量は増加することになる）。このことから，威光価
格は高価格であるからこそ顧客にとって意味があるということが分かる。

図表 8-3　威光価格の需要曲線

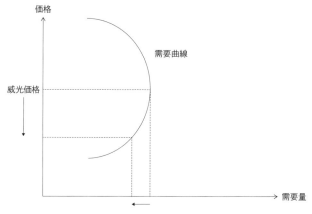

出典：和田・恩藏・三浦（2022）より作成。

8-4）　割引価格戦略

　割引価格戦略について説明しておこう。ここでは，現金割引，数量割引，
機能割引，季節割引，特定セグメント向け割引，アロウワンス，特売価格，

そしてダイナミック価格，サブスクリプションについて取り上げる。これら
は状況に応じて価格を調整するため，価格調整戦略とも呼ばれる。

① 現金割引

　企業間売買では，後に支払う約束をもとにした売買である「掛け」と呼ば
れる形態がとられる場合が多い。支払いを先に延ばさず，ある期間内に代金
を支払う場合，価格を割り引くことを現金割引という。

② 数量割引

　大量に製品を購入してもらう際に，価格を割り引くことである。大量に購
入してもらうということは大量に販売することであり，そのことが可能とな
れば費用（輸送費や保管費）の面で売り手にとっては有利となるため，1回
ごとあるいは一定期間で，ある数量を超えた場合に割り引くことになる。

③ 機能割引

　第9章で説明する流通業者である卸売業者や小売業者は，生産者（メー
カー）にとって，製品の輸送や保管など異なる機能を持っている。機能割引
とは，生産者が多くの機能を果たす業者に提供する割引のことである（例：
メーカーによる，卸売業者へのより大きな割引の実施）。取引割引とも呼ば
れている。

④ 季節割引

　ある製品・サービスの需要が停滞する季節に行う価格対応のことである。
例えば旅行業界（ホテル，旅行会社，航空会社）は，オンシーズン（繁忙
期）かオフシーズン（閑散期）かによって需要が大きく異なるため，季節
によって料金を大きく変化させることになる。日本では，旅行業界のオン
シーズンは7〜9月といわれている。需要の少ないオフシーズンには低価格
にし，需要の多いオンシーズンには高価格にすることになる。

⑤　特定セグメント向け割引

　標的顧客の年齢，支払能力，購入歴などに基づき適用される割引である。例えば，学生を対象とした学割料金の設定や割引き，同様に高齢者を対象としたシニア割というのもある。また，会員登録をすると，会員限定の割引価格を適用してくれるサービスもこれに該当する。

⑥　アロウワンス

　製品販売のために支払う報酬や割引のことである。流通業者に広告や販売支援に協力してもらった場合に支払われる報酬や割引を流通プロモーション・アロウワンスという。

　新製品を購入してもらうために旧製品を下取りした際に提供される割引のことをトレードイン・アロウワンスと呼ぶ。自動車やスーツの販売の際に行われている下取りはその一例である。

⑦　特売価格

　一定期間，価格を通常時のものより下げる，いわゆる「セール」のことである。

　特売の期間を設定し，価格を上げ下げするハイ・ロー・プライシングと，年間を通じて，低価格で販売するエブリデー・ロー・プライシングを採用する企業がある。

　また，利益を度外視し，集客目的のために仕入れ価格を下回る価格で販売する目玉となる製品をロスリーダーと呼ぶ。これは需要の価格弾力性が高く，単価が低い製品に採用されやすく，集客数を増加させ，関連購買によって利益を確保する。

⑧　ダイナミック価格

　企業側の供給と顧客側の需要の状況に合わせて価格を変動させることをダイナミック価格という。需要が多い状況に価格を高く設定すれば，需要を抑えることができ，需要が少ない状況で，価格を低く設定すれば，需要を喚起

することができる。

　ダイナミック価格の企業にとってのメリット（利点）は，売上そして利益の最大化，資源の有効利用という点である。価格が固定されている場合に比べて，ダイナミック価格は需要の状況（高くても購入したいとか，安ければ購入するとか）に対応し，様々な顧客に購入してもらえる機会が増え，売上を拡大することができる。図表8-4で示されているように，需要曲線が同じものであれば，ダイナミック価格は，様々な価格が設定され（価格 a〜h，その場合の需要量は a'〜h'），購入の機会を拡げ，価格が固定されているとき（価格 a，その場合の需要量は a'）と比べて，売上高（価格×需要量：グレーのゾーン）が多くなることが分かる。

　ダイナミック価格の身近な例として，スーパーマーケットの閉店直前の生鮮食品の値引きが挙げられる。既に説明した旅行業界の季節割引は，この一例である。現在は，プロ野球やJリーグといったスポーツ観戦チケットでも，このダイナミック価格は導入されている。天気や対戦相手，成績，チケットの販売状況等により価格が設定されている。

　ICT の発展，そしてインターネット通販といった EC の普及により，企業

図表 8-4　ダイナミック価格のメリット

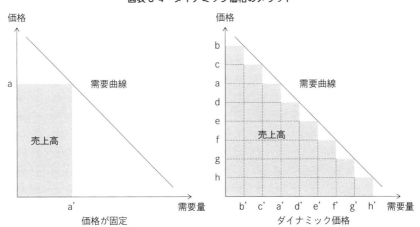

出典：西川・澁谷（2019）より作成。

と顧客との間のリアルタイムでダイレクトなつながりの構築が可能となり，様々な業界でダイナミック価格設定が導入されてきている。さらに，AI（人工知能）の発展を背景に，顧客データの蓄積とその分析によって，顧客一人ひとりに対してダイナミック価格の設定が行われるようになってきている。ICTを利用したダイナミック価格は新しい価格戦略であり，今後様々な分野で導入されていくことになろう。

⑨　サブスクリプション

　最後に，ダイナミック価格と同じように新しい価格戦略となっているサブスクリプションについて説明をしておこう。

　サブスクリプションとは，一定間隔で継続的に利用者から料金を受け取る，継続課金ビジネスのことである。これは，顧客に，製品を販売し所有してもらうというものではなく，ある期間利用してもらうサービスを提供することに対する価格設定である。顧客との関係性を強化し，顧客一人ひとりの特徴を把握し，対応していくワン・トゥ・ワンマーケティングを実現していくことでもある。顧客の履歴情報等を収集し，興味関心を分析するレコメンデーションシステムを活用し，より高額な上位モデルへの移行を意味するアップセルや，関連するものを販売するクロスセルによって客単価を上げ，より低額な下位モデルへの移行を意味するダウンセルによって顧客の利用継続を図る。

　サブスクリプションとは，顧客の満足を継続的に追求し，継続的な関係によって利益を確保していこうとする仕組みである。例えば，Apple MusicやAmazon Primeといった音楽・動画配信サービスや，トヨタの自動車利用サービスであるKINTOのようなものまである。今後も様々な業界でサブスクリプションが導入されていくことになるであろう。

（ディスカッションポイント）
利益はどう生まれているのか？

 ジョージ：

第8章で具体的な価格の設定について学び，価格の付け方は理解できたよ。

コンビニエンスストアやスーパーマーケットより安い食品を販売しているドラッグストアや1皿100円のお寿司を提供する回転寿司店があるけど，本当にこういったお店で利益が生まれているのか，疑問に思っちゃったよ。

 あやか：

私も近所のドラッグストアで食品を購入しているよ。実際に同じ食品で，コンビニエンスストアやスーパーマーケットで販売しているものよりも安く買える。やっぱり，安いと，そのお店に行ってしまうよね。

低価格を標榜しているお店の利益がどう生まれているかについて，非常に興味があるので，隈村先生に解説してもらいながら，一緒に考えてみようよ。

 隈村先生：

私たちは消費者の立場なので価格のみに着目してしまいますが，企業の立場からすると，価格と表裏一体にあるのが利益になります。低価格のお店のことを分析する際に重要になってくるのが，「マージン・ミックス」という考え方になります。例を出して説明しましょう。

回転寿司では，全て1皿100円というわけではありません。中トロ，大トロ，ウニ等の高級ネタが1皿300円と例外的に存在していますよね。全て1皿100円のお寿司を食べる人は例外的で，多くの人は，1皿100円のものを3皿，4皿くらい食べれば，その後の1皿は300円のものを

食べているのが普通でしょう。私自身もそうしてます（笑）。ここでは人件費や諸経費は計算に入れず，例えば，原価50円で1皿100円のエビを売れば利益（粗利という）は50円となり，4皿販売すると，利益は200円となりますね。一方，原価100円で1皿300円の中トロを1皿販売すると利益は200円となります。この場合，高級ネタは1皿で，1皿100円のお寿司4皿分の利益と同じになることが分かります。

　一方，ドラッグストアの食品は利益率（粗利益率）が非常に低く10%台，コンビニエンスストアやスーパーマーケットの食品の利益率は30%台といわれています。ただし，ドラッグストアの医薬品や化粧品は利益率が30～40%台と高い。食品だけを買いにドラッグストアに行っても，医薬品や化粧品を見て，ついついそれらを購入してしまった経験は誰にでもあるはずです。つまり，ドラッグストアは，食品で集客を行い，医薬品や化粧品で利益を得ているのです。

　回転寿司もドラッグストアも，利益の高いものと低いものを混ぜて販売しており，このことを「マージン・ミックス」と呼びます。利益率の低いもので顧客を呼び込み，利益率の高いもので利益を得るということです。

　また，回転寿司もドラッグストアも，機械化を積極的に取り入れて，ローコストオペレーションにより人件費や店舗の運営費を下げ，原価の高騰や競争激化の状況でも利益を生み出すようにしています。

　あやか：

　回転寿司では原価が高騰しているためか，お寿司のネタが前より少し小さくなったように思うんだけど，ネタの大きさの変化は，利益の調整を意味しているのかも。価格はそのままで内容量を減らす「ステルス値上げ」って最近は表現されているね。

　回転寿司やドラッグストアの話からすると，1000円ヘアカットの専門店は，1人当たりの利益は小さくても，多くの人に利用してもらうことで，大きな利益を生み出していそうね。

ジョージ：

　そうだね。消費者の立場でも価格の裏にある利益のことを考えてみることは重要だね。

第9章
流通戦略（1）
流通機能と流通形態

　「流通と聞いて何を思い浮かべるか」と講義で聞くと，多くの学生が「宅配便」や「物流センター」と答える。広義の流通概念からいえば間違ってはいないのだが，期待する回答が返ってくることは少ない。「流通＝モノを運ぶこと」のイメージが強いようである。また，インターネット上でのショッピングが身近になったことで，最近はアマゾンなどのEC大手企業の名前を出す学生も多い。

　そこで，この章では流通（Place）とは何なのか，その定義を確認したうえで，機能面と形態面（業態）から流通の基本を学んでいこう。なお，流通では，取引される財のことを商品と呼ぶ。

9-1）　流通とは

　流通の定義とは，「生産と消費の間に存在する乖離を埋めること」である。その「乖離」（ギャップ）とは，①時間，②空間，③所有，④形態（量と組み合わせ），⑤情報の5つといわれている。

　農作物のような一次産品であっても，工業製品のような二次産品であっても，生産された（収穫された）①時間や②場所は，我々消費者が店舗で購入して消費する時間や場所と異なる。もちろん財の性質などによって出荷後の期間が短かったり，作られた場所が遠かったりするがギャップは存在している。

　また，我々が手に取って購入可能となる時点までの間に④形態が変化する

こともある。例えば，遠洋漁業で漁獲されたマグロは水揚げされたときの状態で商品として店頭に並ぶことはない。流通の過程を経て我々が消費しやすい状態（サクや刺身など）に形態を変えている。

　さらに，例えば農家が作った野菜や果物は，流通業者が売り買いを繰り返して我々の手元に届けている。つまりモノは，「作る→売る→買う→売る→買う→売る→買う（消費する）」の流れで取引が行われ，その③所有権が移転する。そしてこの取引の流れがあることによって，我々は「今この野菜が店頭で買える」「新製品が発売された」という⑤情報を入手することができる。言い換えれば，流通が存在しないと買えるモノの情報が入手できない。逆に生産者は今これを欲しがっている人がどれだけいるのか（需要の実態）に関する情報を流通から得ることができる。

　こうして流通は生産と消費の間に存在するこれら5つのギャップを埋めながら，生産（者）の販売代理，消費（者）の購買代理として，双方のニーズや需要を調整している。言い換えれば，流通は，自己資金を使い，売り手（生産者）からモノを購買（仕入れ）し，買い手（川下の流通業者あるいは消費者）に対して販売（再販）することにより売上と利益を上げるビジネスなのである。

9-2）　流通機能

　流通が生産と消費をつなぐ重要な役割を果たしていることが分かった。そこで次に，具体的な流通の役割や機能について説明しよう。

　「流通」という言葉は「流れて通す」と書く。つまり経済取引の流れ（フロー）を意味する。そこでは主にモノ（有形財）とカネ（対価）と情報が流れて循環している。それぞれを物流，商流，情報流と呼ぶ。

　図表9-1は，その構造を図示している。多くのテキストでは，この流れの構造を川の流れに例えて，生産に近い方を「川上」と呼び，消費に近い方を「川下」と呼んでいる。3つの流通機能（物流・商流・情報流）について次に解説する。

図表 9-1 流通システム

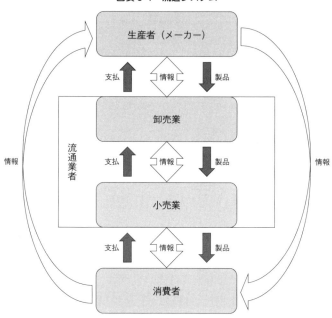

出典：矢作（1996）より作成。

9-2-1) 物流

物流とは有形財の流れを指し，生産された財を消費者に届けるまでの流れ（川上から川下へ）を意味する。モノを移動させるので当然様々な費用がかかる。よって，そうした費用を最小化することが物流に携わる企業にとって重要な課題となる（これを考えることをロジスティクスと呼ぶ）。物流には主に，輸送機能，保管・在庫管理機能，注文処理機能の3つの機能がある。

① 輸送機能

生産されたモノを運ぶことを輸送機能という。輸送は，以下の3つの手段に大別される。輸送手段の選択は運ぶモノの性質，付加価値，体積・重量等により決まる。実際にはそれぞれの利用可能性を考えて，輸送手段を組合せて運搬している（ユニットロードシステム，配送システムなど）。近年は

様々な技術革新により輸送のコスト最小化と配送の最適化が進んでいる。

・陸上輸送

鉄道，自動車，パイプラインがある。陸上輸送の大半がトラック等自動車による運搬である。ドアツードアで運搬できる強みがある。

・水上輸送

船舶による運搬。一度に大量の財を安く運搬できる強みがある。

・航空輸送

飛行機による運搬。費用が高く運搬量は限定されるが，速く運搬できる強みがある。

なお，自動車による輸送は，排気ガスの CO_2 問題や交通渋滞・事故，運転手不足や労働環境の悪化などの様々な社会問題を引き起こしている。そこで環境負荷が相対的に少ない鉄道や船舶による輸送に転換する試み（モーダルシフトという）が政府主導で行われている。一方で，EC 普及に伴う多頻度小口輸送の増加により，配送センター等から最終届け先への輸送をどうするかという課題（ラストワンマイル問題）にも直面している。

② 保管・在庫管理機能

消費者が日々購買するほとんどの商品は，一部のオーダーメイド商品を除き，将来の需要予測に基づき，見込み生産・見込み販売されている。よって，予測通りに売れなければ，在庫として商品は売れ残る可能性がある。また，予測以上に需要が高ければ，供給量が不足する機会ロス状態に陥る。

そこで，こうしたリスクに対応するのが「在庫管理」の考え方である。在庫管理方法には以下の主な2つがある。

・発注点方式

在庫量が一定水準の量まで減少したら，追加発注して商品を補充する。商品の販売動向，売れ行きを検証しながら商品計画を立てられる。

・定期発注方式

発注時期（特定日，週，期間等）をあらかじめ決めて，定期的に商品を発注し補充する。予想以上に売れてしまうと次の発注時期までの「在庫

切れ」が発生するリスクがある。

どちらもそれぞれのメリット，デメリットがある。また，ABC分析（重要度が高い順にA・B・Cのグループに分けて管理する方法）など他の在庫管理手法もある。発注はこれまでの販売実績と今後の販売予測に基づき，納品（品物が届く）までのリードタイム（発注から納品までにかかる時間）を考慮しながら，最適な発注量（EOQ：Economic Order Quantity）を決定していく。ICTの発展により発注を含む在庫管理システムは，ますます高度化が進んでいる。

また，商品を一定期間貯蔵しておく「倉庫」も在庫管理上重要な役割を果たしている。検品や加工，出荷先別仕分けなどのために短期間商品を保管しておくタイプ（流通倉庫）もあれば，需要を見極めた在庫管理に必要な期間商品を保管しておくタイプ（貯蔵倉庫）もある。

③ 注文処理機能と物流の支援活動

モノの流れに伴う取引注文処理も物流のもうひとつの機能といえよう（9-2-3)項の情報流で説明）。また，物流の支援活動として，包装，荷役（品物の積み下ろしや運搬などモノの取り扱い），流通加工がある。

9-2-2) 商流

商流とは所有権の移転とその流れのことを指す。つまり，おカネの流れのことである。商流には主に所有権移転と危険負担の機能がある。

① 所有権移転機能

人間の取引の歴史は物々交換から始まった。買い手の需要と売り手の供給が出会う場としての市場が生まれ，やがて貨幣が登場し売買を行うようになる。価格は「交換の比率」として機能し，買い手と売り手はそれをもとに売買契約を結ぶ。この契約が成立するとき，売り手はその対価と引き換えに対象物の財産権を買い手に移転させる。所有権が移転するとは，この売買（契約）の成立を指す。

　この売買契約の内容には，取引に必要な重要な項目が含まれている。企業間取引における例を図表9-2に示す。なお，我々の普段の買い物（企業－消費者間取引）も売買契約の履行の一種である。商品購入（決済）時に受け取るレシートは，言わば小売店との売買契約書に当たる。

図表9-2　売買契約内容に含まれるもの（企業間取引の一例）

品名，品番，品質の基準など	規格，標準（日本ではJIS，JASなど）
数量	容積，包装の有無など
単価	流通費用を売り手と買い手のどちらが負担するかと，割引（数量割引，現金割引など）により異なる。例えば，製品が船舶で運ばれる場合には以下の3つの単価設定がある。 ・持込価格（買い手の指定場所まで売り手が負担した費用を含む価格） ・本船渡価格（FOB：Free on Board）（船積港で積み込むまで売り手が負担した費用を含む価格） ・運賃保険料込価格（CIF：Cost, Insurance, and Freight）（本船渡価格に到着港までの運賃と保険料を加えた価格）
引き渡し	引き渡し場所と引き渡し期日
代金の支払方法	主な支払方法 ・特定日締切（特定日支払による引き落とし） ・小切手や手形（手形は決済が完了するまで所有権移転がない）

出典：鈴木・東・懸田・三村（2016）より作成。

　なお，所有権移転機能には流通金融が伴う。我々がクレジットカードを利用して商品を購入し，代金を後払いできる仕組みがあるように，流通金融の発達によって，代金後払いによる財の流通が促進されている。また，リース（長期）やレンタル（短期）のようにモノの所有権を移転させずに，賃貸借による使用の仕組みもある。

② 危険負担機能
　モノを所有することは危険を負担することでもある。その危険（リスク）は財の選択と購入条件により異なる。ここでいうリスクは大別して2つある。
　・物的損失によるリスク

物流過程（輸送・保管）における事故・火災・地震等の自然災害等による損失の発生。これには海上保険や火災保険などの保険によりリスクを回避する。

・環境変動によるリスク

天候，相場，景気・需要といった外部環境の変化による損失の発生。これには先物取引や為替予約等によりリスクを回避する。

9-2-3）情報流

情報流とは流通情報の流れのことを指す。図表9-1で示す通り，情報流は生産－流通－消費の全ての参加者の間で一方向あるいは双方向に流れる。輸送，保管・在庫，売買契約，受発注・支払，販売促進，広告，市場動向分析など多岐にわたる。

近年のデジタル化，ネットワーク化により流通過程のあらゆる情報処理の効率化が進んでいる。特に，伝達の高速化と情報量の大容量化は顕著である。また，情報の記録性，同報性，双方向性は向上し，デジタルネットワーク化による情報の自動交換性や入出力の簡易性も高まる。情報流の高度化に関わる用語には，自動補充発注システム（EOS：Electronic Ordering System），電子データ交換（EDI：Electronic Data Interchange），付加価値通信網（VAN：Value Added Network），サプライチェーン・マネジメント（SCM：Supply Chain Management），ビジネス・ロジスティクス，販売時点情報管理（POS：Point of Sales）システム，二次元バーコード（QRコード），ブロックチェーンなどがある。

9-3）流通形態

前節では流通の果たす役割や機能について学習した。この節では流通を担う業態とは何か，流通業にはどのようなタイプの企業があるのかについて概説しよう。広義の流通機構の主な構成は以下の通りである。

・卸売業者（再販先が業者：問屋・総合商社・専門商社など）

・産業用使用者（流通加工業者等）
・小売業者（再販先が消費者：百貨店・スーパーマーケットなど）
・代理商・仲立ち業（所有権を持たず仲介手数料を得る：市場の仲立ち，不動産仲介など）
・関連補助商業者（輸送業，倉庫業，流通金融・保険業，広告・市場調査会社など）
　一方で狭義の流通業者といえば，卸売業者と小売業者を指す。そこで両者について以下で説明しよう。

9-3-1）　卸売業

①　卸売業者とは

　卸売業者とは，「消費者以外への販売を行う流通業者」（消費財と産業財の両方）のことを指す。図表9-1 に示されているように，生産に近い川上側で，生産と小売の間に位置するビジネスである。卸売業は単にモノを川上から川下へ流すのではなく，付加価値を付ける過程として主に次の役割を担う。

・需要と供給のマッチング
　生産者と小売業者との間のギャップを埋める。販売と購買の代理機能。小規模事業者を支援（資金・技術・情報）する。
・品揃えの形成
　商品の選別と組み合わせ。異質な財の組み合わせを需要側にとって意味のある組み合わせに転換する。
・流通コストの削減
　効率的流通インフラの構築。流通上の情報の流れを管理する。商品の加工（二次組立てや個別仕様化）を行う場合もある（本章末コラム 9 参照）。
・流通の組織化
　消費者需要・ニーズに見合うような企業群により形成される。提携方式（アライアンス，コンソーシアム，ホールディングスなど），協同組合方

式（生協，JAなど），合併統合方式などがある。

また，こうした役割を担うことから，一社が取り扱う商品やカテゴリーが多岐にわたることが多く，買い手となる相手も企業であることから，卸売業の構造は小売業と異なり多段階構造となっている。

・収集型構造

　多数の小口生産者から仕入れ，取りまとめて小売に再販する。

・分散型構造

　大口生産者から仕入れ，小分けして小規模小売業者に再販する。

・中継型構造

　大口生産者から大口販売者へ中継する。収集型卸と分散型卸をつなぐ。

② 卸売業者の形態

製造業者による卸売機能を自ら所有するという内部化や，流通コスト削減を目的とする中間的な卸売業者の排除傾向，多様なカテゴリーの商品を取り扱うコンビニエンスストアなどに見られる取引形態の多様化，生産者によるオンライン販路を通じた消費者への直販（D2C：ダイレクト・トゥ・コンシューマー）の拡大などに伴い，卸売業事業者数は減少傾向にある。

総務省・経済産業省「平成28年経済センサス－活動調査結果」によれば，卸売事業所数は36万4814事業所（前前回調査の平成21年は40万2311事業所），従業者数は394万1646人（同平成21年は399万9203人），売上高（販売額）が406兆8203億円（同平成21年は340兆4378億円）となっている。

なお，最新の経済センサス（令和3年）は，本書執筆時点（2022年12月）では産業別集計の公表がなされていない。令和3年の速報集計では，卸売業・小売業を合わせた数値（民営および国・地方公共団体）では，事業所数が120万555事業所（合計に占める割合が23％で産業大分類別第1位），従業者数が1147万7197人（合計に占める割合が18.5％で産業大分類別第1位），売上高が481兆4654億円（合計に占める割合が28.3％で産業大分類別第1位）となっている。産業大分類別で23％と最も事業所数の多い卸売

業・小売業ではあるが，50年前の昭和47年事業所・企業統計調査では全体
の39%を占めていた。

　主な卸売業者の業態は次の通りである。

　・総合商社（総合卸）

　　消費財から資源まで総合的に取り扱う。輸出入を通じた戦後日本経済の
　　近代化に寄与した。

　・業種別総品目取扱業者（専門卸）

　　繊維や鉄鋼等，特定業種の全ての品目を取り扱う。

　・業種別限定品目取扱業者（専門卸）

　　ネクタイ，日本酒，クギ等，特定品目のみを取り扱う。

　・系列卸売業（販社）

　　大規模メーカーや総合商社の系列。親会社商品の専売。

　・統合卸売業

　　生産者の卸売部門。

　・製造卸売業

　　生産機能から卸機能までを一社が一貫して行う。製造過程を外部委託す
　　ることもある。

　・産地（地場）卸業者

　　織物や陶磁器などの伝統製品を取り扱う。

　・不完全機能卸売業（限定した卸機能）

　　現金持帰り卸売業者，車積販売卸売業者，代理商・仲立人などを指す。

9-3-2）　小売業

　① 小売業者とは

　小売業者とは，「消費者への販売（財の移転）をする流通業者」を指す。
個人・家庭用の消費のために商品を販売する事業所や，製造した商品をその
場で小売りする事業所（ベーカリー等），また通信販売などの無店舗販売を
行う事業所や実店舗を持たずオンライン上で販売する事業者なども含まれ
る。

　日本における小売業は，小規模性の高い産業として家族経営や兼業小売の
スタイルが顕著であった（1970年代後半，従業員数4名以下の小売業者が
小売業事業者全体の85％を占めていたという）。生産や卸と安定供給のため
の長期的取引関係が維持され，一部の業種では小売系列化（例として，パナ
ソニックショップ）の構造が見られた。

　なお，総務省・経済産業省「平成28年経済センサス－活動調査結果」に
よれば，小売事業所数は99万246事業所（前前回調査の平成21年は115万
3022事業所），従業者数は765万4443人（同平成21年は806万1518人），
売上高（販売額）が138兆156億円（同平成21年は110兆4899億円）と
なっている。また，最新の経済センサス（令和3年）の概況データは，9-3-
1)項②を参照してほしい。

　小売業は川下ビジネスとして，卸売業者や生産者からモノを仕入れて消費
者に再販する役割を担っている。小売業の機能は次の通りである。

　［対消費者］
　・限られた地理的範囲（商圏）の消費者に合わせた品揃えを形成し，消費
　　者の日常生活におけるニーズを充足させる（消費者の購買代理機能）。
　・財の情報（品質，価格等），買い物の場（店舗施設，立地・営業時間
　　等），付属するサービスを提供する。

　［対生産者・対卸売］
　・顧客情報や販売情報を川上に伝達する。生産計画や商品流通・管理に活
　　かされる。

　［対地域社会］
　・雇用創出など地域経済の振興に寄与する。
　・交通，行政，医療，教育，文化，娯楽などとの融合による広義のまちづ
　　くりに貢献する。

　②　小売業者の形態
　小売業の主な形態（業態）は次の通りである。なお，昨今様々な業態の小
売業者が出てきており，一概にこれらの類型に当てはまらない場合もある。

・百貨店

1852 年パリで開店したボンマルシェが世界初といわれている。日本初
は大正初期（1904）の呉服商「越後屋」（三越）といわれている。都心
部に大規模店舗を構え，幅広い品揃え，対面・定価販売を基本とし，多
様な支払決済手段を用意している。

・チェーンストア

多くの店舗を中央集権的な本部が直接経営管理する方式。ボランタリー
チェーン（VC）型（独立小売店が共同で経営を行うチェーンの仕組
み。問屋主宰型）と，フランチャイズチェーン（FC）型（本部が加盟
店をチェーン方式で管理する仕組み。FC 加盟店はノウハウやサポート
への対価である加盟金（ロイヤリティ）を本部に支払う）とがある。

・スーパーマーケット

チェーンストア方式が原型とされ，セルフサービス方式による食料品中
心の低価格販売を行う。1930 年ニューヨークのキング・カレンが発祥
ともいわれ，日本への導入は 1950 年代。日本の二大小売業者であるセ
ブン＆アイとイオンの起源はいずれもスーパーマーケット事業であり，
日本の経済発展と社会経済環境の変化に合わせて事業多角化と合併吸収
を進めたことで，巨大な小売コングロマリット（グループ企業，複合企
業）を形成するにいたる。

・総合小売（GMS：General Merchandise Store）

食料品から衣料品，日用品にいたるまで，実用品を総合的に取り揃えた
セルフサービス方式の業態。地方のよろず屋のような小規模業態から，
総合スーパーマーケットやホームセンターのような大規模なものまであ
る。

・専門店

対象市場を限定した狭くて深い品揃えが特徴。専門知識を有する販売
員，魅力ある店舗づくりとプロモーション，アフターサービスの充実。
若者に人気のセレクトショップは，商品仕入れ担当者（バイヤー）が生
活のあらゆる場面をトータルにコーディネートした品揃えを展開し，特

定のライフスタイルを提案する業態である。

・製造小売業（SPA：Specialty Store Retailer of Private Label Apparel）

アパレル企業や専門店が直営方式で自社ブランドの衣料品を販売する業態のことである（ユニクロなど）。SPA とは，アメリカのアパレルブランド GAP のフィッシャー会長による造語といわれている。生産・流通・販売を自社で全てまかなうため，中間マージンの削減によるコストダウンにより低価格（自社決め価格）で商品（自社決めの品揃え）を供給でき，利益率も通常より高くなるといわれている。生産機能のみを外部委託する企業もある。

・コンビニエンスストア

1 日 14 時間以上営業する売場面積 30−250m^2 程度の小規模小売事業者（フランチャイズチェーン方式が大半）。取扱商品は 2000−3000 品目で，飲食料品を中心に取り扱う。セルフサービス方式で商圏は半径 300−500m 程度と小さい。POS システムによる販売管理と，本部の徹底したデータ分析に基づく商品計画が特徴となっている。

・製造業の系列小売店

自社製品の販売拡大を目的とし，メーカー主導による従業員教育やマーケティング展開が特徴。自動車（ディーラー），家電，化粧品業界に見られる。

・無店舗販売

主に通信販売（カタログ，ダイレクトメール，テレビ・ラジオ，インターネット・モバイルアプリ等：通信手段の高度化が進む），自動販売（自動販売機：最も利便性の高い小売形態といわれ，電子決済の導入も進む），訪問販売（薬，食料品等：販売員の訪問による対面販売が基本）がある。

・その他

商店街（個別企業の立地状況により，長期にわたり形成される企業集合体），ショッピングセンター・ショッピングモール（小売の集合体に飲食店や娯楽施設等を加えて開発，運営される大規模集合店舗。1948 年

アメリカのオハイオ州のタウン＆カントリー・ショッピングセンターが最初といわれている），小売を行う会員制卸売業者（コストコなど）や協同組合（組合員の相互扶助を目的とした非営利組織，生協など）などがある。

（解説）
取引数単純化の原理

　ジョージ：

　なぜ，卸売業者や小売業者という流通業者が，生産者（メーカー）と消費者の間に介在しているのかな？

　あやか：

　今だと，生産者から消費者に直接販売するインターネット通販の方法もとられているよね。こっちの方が便利そうな気もするよね。

　隈村先生：

　流通業者の存在意義について疑問があるということですね。では，さっそくそのことを考えてみましょう。

　ここでは，まず3人の生産者と3人の消費者しかいない世界を前提にします。3人の生産者Aさん，Bさん，Cさんは，それぞれ，服，食物，飲料を生産しており，3人の消費者Xさん，Yさん，Zさんは，それぞれが3つのモノを必要としていたとします。この場合，全部で9つの取引（売買ともいう）が生じることになります（図表コラム9-1左）。

　ここで，Pさんという人が登場し，生産者Aさん，Bさん，Cさんから服，食物，飲料を購入してきて，3人の消費者Aさん，Bさん，Cさんそれぞれに3つのモノを販売することになったとします。この場合の取引の数は6つということになります（図表コラム9-1右）。以前はそれぞれの消費者が，生産者Aさん，Bさん，Cさん，それぞれのところに購入するために出かける必要があったのが，Pさんの登場で，Pさんのところ1箇所に行けば，3つのモノがあり，それらを購入することが可能となりました。Pさんのところで品揃えが形成され，時間や交通費の節約につながったことになります。この，生産者，Pさん，消費者という取引の流れは，

生産者→小売業者→消費者という取引の流れのことであり，小売業者の介在により，取引の数は9から6に減少しました。消費者側の時間や交通費の節約につながったことからも分かるように，効率化につながったといえます。

図表コラム 9-1　取引数単純化の原理

出典：筆者作成。

　上記の例では，生産者と消費者の間で考えてみましたが，生産者と小売業者の間も上記と同様のことが成り立ち，卸売業者の存在についても同様のことを指摘することができます。流通業者の存在は，取引の数を削減し，社会的な効率化に貢献しているといえるでしょう。このことを，「取引数単純化の原理」といいます。場合によっては，「取引数最小化の原理」とも呼びます。

　あやかさんが指摘するように，インターネットの普及によって，生産者と消費者が直接取引を行う直接流通が増加しています。日本国内の企業と消費者間（BtoC）のECの市場規模は，経済産業省の「電子商取引実態調査」によると，2013年で11.2兆円だったのが，2020年には19.3兆円と拡大しました。今後，ますます，直接流通は増加していくことになるでしょうが，引き続き，卸売業者や小売業者は，上記のように重要な役割を担うものと思われます。

第10章

流通戦略（2）
流通チャネル（経路）

　第9章で，流通が生産と消費の間の様々な乖離を埋め，仕入と再販によっ
てモノの需給バランスを保つという商取引上極めて重要な役割を果たしてい
ることを学んだ。

　そこで第10章では，生産されたモノがどのような経路をたどって消費者
のもとに届くのかという流通チャネルについて学ぶ。

10-1）　流通チャネルとは

10-1-1）　間接流通と直接流通

　ICT の発展に伴い EC が普及すると，一般消費者もオンラインで直接生産
者からモノを購入することができるようになった。卸売・小売といった流通
業者を介した取引の形を「間接流通」と呼び，流通業者を介さないものを
「直接流通」と呼ぶ。それぞれの特徴は次の通りである。

　・間接流通
　　取引数が少なくてすむ（第9章末コラム9参照）。不確実性に対応でき
　　る（在庫管理）。一方で情報の確実性や配送の迅速性が低下する。
　・直接流通
　　情報の確実性や配送の迅速性が高く，顧客との長期的関係性向上の施策
　　が図りやすい。一方で取引に関するシステム構築費用がかかる。

10-1-2）　流通チャネルの定義

　流通チャネル（流通経路）とは，「生産者から消費者へ財がわたる経路」

を指す。経路といっても，どの道路を使って運搬するか，高速道路を利用した方がよいか，船舶で運ぶべきか，などといった物理的経路を意味するのではない。チャネルとは，生産者の視点からいえば，自社製品を顧客に届けるために誰にどのように売って（取り扱って）もらうか，という「販路」を意味する。また，消費者の視点から捉えれば，その生産者の製品をどこでどのように購入するか，という「場」を意味する。

　例えば，10-1-1）項で示した直接流通は，生産者と消費者の間に流通業者が存在しないので，ゼロ段階のチャネルとなる。一方で間接流通では，間に卸売業者や小売業者などの流通業者が層をなして存在しているので，多段階のチャネル構造になる。

　したがって，流通チャネル戦略の目標は「いかに最適化された流通チャネルを最小化されたコストで設計し，管理するか」となる。「最適化された流通チャネル」とは，標的顧客が求める製品を，彼らの望むサービスを伴って，標的顧客にきちんと届けられる仕組みのことを指す。その仕組みの設計と管理について，以下に概説しよう。

　なお，流通チャネル戦略の大まかな流れは，図表10-1のように表すことができ，本章10-2）節以降で学ぶ内容を示している。

図表10-1　流通チャネル戦略の流れ

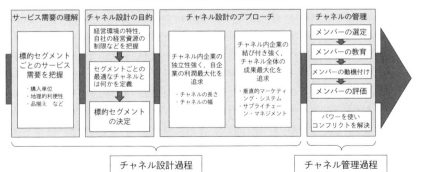

出典：筆者作成。

10-2）　チャネルの設計

　まずは，どのように流通チャネルを設計するのか，その過程について，消費者のサービス需要の理解，チャネル設計の目的，チャネル設計のアプローチの順で説明することにしよう。

10-2-1）　サービス需要の理解

　最適化された流通チャネルを設計するためには，最終消費者が商品をどのように買いたいか，というサービス需要を十分に理解することが必要である。サービス需要には主に以下の6つがある。

・1回の買い物で購入する量の単位
　単品で買いたいか，まとめ買い（カートン・箱等）がしたいか。
・地理的利便性
　居場所から購入場所（店舗）までの移動の利便性が高く，買いやすいか。
・品揃え
　製品の品揃えが豊富で，選択肢が多いか。
・入手までの時間
　購入から入手するまでの時間（納期など）が短いか。
・カスタマーサービス
　袋詰や自宅等指定場所への配送，商品の加工・修理，店舗駐車場での誘導などの付加的サービスの有無。
・情報提供
　店舗内POP（製品等の説明を行う店内広告）や使い方説明の有無，店員による説明などの製品に関する情報提供の有無。

10-2-2）　チャネル設計の目的

　性別や年齢，職業など標的顧客のセグメントによって，どのサービス需要を重要視するかは異なる。また，重要視するサービス需要はひとつだけでな

く，複数の場合もある。さらに，製品カテゴリーによっても消費者が求める
サービス需要は異なる。例えば，生鮮食料品であれば，少ない単位の量を家
の近所の店舗で待ち時間なく購入したいと思うだろう。一方で，重量や体積
があり，保存のきく飲料や日用品などであれば，配送サービスのある店舗で
まとめ買いしたいと思う消費者もいる。また家電やぜいたく品ならば，多少
遠方の店舗に出かけて，納期に時間がかかったとしても，多くの品揃えの中
から選んで購入したいという人もいる。

　そこで生産者は，自社製品カテゴリーの特性をもとに，どの標的セグメン
トに向けたチャネルを作るのか，そのセグメントが最も重要視するサービス
を提供できるチャネルとは何かを定義付ける必要がある。

　チャネル設計に当たっては，多種多様な流通業者の中からメンバーを選定
することになる。したがって，市場や競合状況などの環境特性を十分に理解
しておくこと，またサービス提供にかかる費用，社内の資源配分や他のマー
ケティング・ミックスとの関連性などの制約がないかを確認しておく必要が
ある。

10-2-3）　チャネル設計のアプローチ

　流通チャネルは，製品を生産する生産者と，それを販売する流通業者によ
り構成されている。狙った標的セグメントに製品が届くように販路の形成を
するためには，チャネル構造とチャネルメンバーの特性を十分に理解して，
設計に着手しなければならない。以下，チャネル設計に当たっての視点につ
いて説明する。

①　チャネルの長さ（チャネルの段階性）

　第9章で学んだように，流通には卸売業と小売業による多段階な構造があ
るため，より多くの段階を経て標的セグメントに製品が届くならば，チャネ
ルは長くなる。長くなると，生産者は流通費用をチャネルメンバーに転嫁し
て負担を減らせるが，チャネル自体の管理はしにくくなる。10-1-2）項で解
説したように，生産者が直接消費者に販売する場合，チャネルの長さが最短

となり，逆に一次卸や二次卸などの卸売構造が多段階になる製品の場合，流通チャネルは長くなる。

この流通の多段階性を表すのが「W/R 比率」（Wholesale/Retail 比率）という指標である。比率は，（年間卸売販売総額－年間産業使用者向け販売総額－年間国外向け販売総額）÷年間小売販売総額，で算出され，高い比率ほど卸売業者の間での取引が繰り返されているため，チャネルが長く，多段階な構造となる。

ちなみに，日本の W/R 比率はアメリカやフランスなどの欧米諸国よりも高い傾向にある。とはいえ，かつては 3.00 以上だった日本も，1.00 台に低下している（1.83（2013 年）：流通経済研究所による 2016 年の調査）。

② チャネルの幅（チャネルメンバーの数）

次に，製品を取り扱う流通業者（特に小売業者）の数の多さ，すなわちチャネルの幅の視点から捉えた設計である。

・開放的チャネル

取引相手を限定せず，多数の小売業者と取引し，消費者の購買頻度に対応し市場占有率を高めようとする。長所は量販に有利であること。だが，競合製品の扱いを認めることになり，協力・連携度合いが低くなるリスクがある。また，チャネル管理が難しく，生産者のコントロールが弱い（日用品，最寄品に見られる設計）。

・選択的チャネル

販売に適した小売業者を選択し，生産者のコントロールとコストのバランスを図りながら市場をカバーする。協力的な一定の販売店に対して自社製品を優先的に取り扱ってもらう方式。販売先が集約され管理が効率的になるが，販売店の協力維持のための優遇措置が必要となる。

・排他的チャネル

限られた小売業者でチャネルを構築し，ブランドイメージの維持と高いサービスレベルを確保する。生産者が特定の販売店に専売権を与える方式。製品のブランド力が高い場合や，販売時の説明・アフターサービス

が必要な場合に有効。競合製品の取り扱いをさせないということに対する支援が不可欠となる。生産者のコントロールが強い（耐久消費財，専門品・ぜいたく品に見られる設計）。

③　チャネルメンバー間の結び付き（相互依存度）
　前出のチャネルの長さや幅のアプローチによるチャネル設計では，生産者と流通業者（卸売・小売）との結び付きが弱く，独立した事業体として各個別企業が利益最大化を目指す構造であることが前提となっていた。しかし，それでは一部のメンバーが自社利益を優先しすぎて，他のメンバーの利益を損ねたり，衝突して関係性を悪化させたりしてしまうリスクがある。しかも他のメンバーを完全にコントロールすることはできない。
　そこで，流通チャネル全体をひとつのシステムと捉え，チャネル全体で利益を上げられるようなチャネル設計のアプローチが生まれた。これが「垂直的マーケティング・システム」（VMS：Vertical Marketing System）である。このシステムでは，特定のチャネルメンバー（チャネル・キャプテンと呼ぶ）が強力なパワーを持ち，衝突の排除，他のメンバー企業の所有や管理を行う。この仕組みには3つのタイプがある。
　・企業型
　　生産から流通までをひとつの企業資本で統合するタイプ。卸売段階で販売会社を作り，小売段階では直営小売（ディーラー等）を設ける組み合わせ。標的セグメントに製品が届くまでの販路の全てをコントロールできるが，流通管理コストの負担が大きい。
　・契約型
　　独立したチャネルメンバーが単独では達成できないビジネス成果を得るために契約を結んで統合するタイプ。ボランタリーチェーンやフランチャイズチェーンなどがある（9-3-2)項を参照）。
　・管理型
　　資本統合や契約ではなく，強力なパワーを用いてチャネル・キャプテンが取引関係の管理を行うタイプ。企業型や契約型ほどの費用負担がな

く，市場環境の変化に柔軟に対応できる。

　垂直的マーケティング・システム以外にも，異業種の企業がヨコに連携して，新たな市場機会を創造するために経営資源やマーケティング・プログラムを統合する「水平的マーケティング・システム」や，ひとつの生産者が複数の標的セグメントに製品を訴求するために，複数の流通チャネルを設計して使用する「マルチ・マーケティング・システム」というアプローチもある。

④　統合されたチャネルシステムとしてのつながり

　垂直的マーケティング・システムのようなチャネル設計のアプローチでは，チャネルメンバー間のパワーバランスがチャネル全体の均衡とメンバー全体利益の最大化に影響を与える。

　そこで，組織的力学ではなく，ICT の発展によってもたらされた科学的管理手法に基づく，流通チャネルシステムの全体最適化を図る手法が「サプライチェーン・マネジメント」（SCM）である。「サプライチェーン・マネジメント」とは，生産者が製品を生産するための原料調達の段階から，標的セグメントへの販売にいたるまでの事業の全工程をコンピュータで一括管理し，全体最適を目指す経営手法のことである。生産−流通−消費の取引の管理が一本の鎖のようになることを意味し，サプライチェーンと呼ぶ。コンピュータが各部門の業務データをもとに需要予測分析し，費用最小となる最適な生産量，在庫量，配送を計算して指示する。生産から販売までの流れの中では，顧客を出発点と考えることが重要となる。

　各工程が効率化されることで，製品のチャネル内での無駄な滞留や余剰がなくなり，チャネルメンバーの生産性が向上する。また，リードタイム（発注から納品までの時間）が短縮されることから，標的顧客に最短かつ適切なタイミングで製品を届けることができるようになる。

10-3）　チャネルの管理

チャネルの設計が行われたら，次はそのチャネルをどのように管理していくかという課題に直面する。以下，そのプロセスを見ていこう。

10-3-1）　チャネルメンバーの選定

まず，具体的なメンバー（流通業者）を選定する。例えば，スーパーマーケットのチャネルならばイオン，コンビニエンスストアのチャネルならばセブンイレブンといった具体的な企業を選ぶプロセスである。消費者から見れば，生産者の製品を売っている店＝その特定の小売業者なのだから，生産者からすればどの業者をメンバーとして選ぶかは極めて重要となる。

選定した流通業者を経由する販路によって，自社製品のブランド力は維持できるのか，標的顧客に最適な条件とサービスで製品を届けられるのか，生産者の管理する力が試される。コスト，コントロールのバランスはとれているか，経営資源や関係継続性に問題はないか，地理的および標的顧客層のカバー範囲は適正か，過去の販売実績や事業特性は適合しているかなど，様々な観点から多角的に検証し選定を行う。

10-3-2）　チャネルメンバーの教育

選ばれたチャネルメンバーは，そもそもそれぞれ独自の企業組織文化，成り立ち，商慣行を有している。意思決定メカニズムや決議に要する時間も異なれば，人事労務管理制度や社内の情報管理システムの仕様も異なるだろう。

そこで，選ばれたチャネルメンバーに対して教育プログラムを用意し，実行する。具体的には，各社が利用している独自システム間の連携や，情報・顧客管理ツールの共有と操作の習得，取扱製品の知識向上のための教育プログラムなどである。

多段階のチャネルを設計する生産者の場合，製品の販売代理として機能するチャネルメンバー全員が，生産者自身と同じレベルの知識・ノウハウで消

費者に接して販売できるように，彼らを教育することは極めて重要である。

10-3-3） チャネルメンバーの動機付け

　チャネルメンバーの教育同様に重要なのが動機付けである。生産者は標的
セグメントを満足させること以上に，製品を自分の代わりに販売してくれる
チャネルメンバー（流通業者）を満足させなければならない。メンバーの業
績が向上しなければ，生産者の売上増にもつながらない。

　しかし，10-3-2)項でも述べたように，メンバーの組織文化や商慣行，人
事評価や報酬の在り方は，生産者のそれらとは異なる場合が多い。何によっ
てメンバーのビジネス・パフォーマンスが上がるのか，メンバー企業の社員
がやる気になる仕掛けとは何か，検証する必要がある。

　そこで，生産者はメンバーの企業行動に影響を与える能力を発揮する。こ
れを「パワー」と呼ぶ。パワーは，下記の5つに類型化される。

- ・報酬のパワー
  契約に基づく相手の成果や能力に応じた金銭的報酬を与える力。
- ・制裁のパワー
  意図に従わない相手への制裁や脅しを与える力。
- ・正当性のパワー
  要望・指示に応じる義務がある（契約内容の正当性）と相手に理解させ
  る力。
- ・一体化のパワー
  相手が取引を好むブランド力を有する（準拠力）あるいはそのチャネル
  の一員であることを誇りに思えるように動機付ける力。
- ・専門性・情報のパワー
  相手に高い専門知識や経営ノウハウ等の情報を提供することで優位にな
  る力。

10-3-4） チャネルメンバーの評価

　チャネル全体のパフォーマンスを測定するためには，メンバー各社のパ

フォーマンスを測定し正しく評価することが必要である。各社の販売動向や各種経営実績（販売割当達成度，在庫水準と商品回転率，サービスやクレーム処理等）を定量，定性の両面から分析し，評価する。

　優れた実績があれば，取引契約を更新するなどして中長期的な関係性構築に努めるし，逆に実績が芳しくなければ，次期の取引契約を結ばずに，他の流通業者を選定する可能性が高くなる。実績の評価はパワーを行使する前提でもあり，その行使の正当性につながる。

10-3-5）　チャネル内のコンフリクト（衝突）と解決

　10-2）節で説明したように，チャネルメンバーが生産者の資本で統合されていなければ，流通チャネルは独立した事業体が相互に依存し合う関係で成り立っている。よって，チャネル内の様々なビジネス・取引において，しばしばコンフリクト（衝突）が発生するのは避けられない。

　ではなぜコンフリクトは起こるのか。コンフリクトの発生要因としては，企業目的や目標の違い，市場やビジネス動向の認識の違い，事業領域（企業ドメイン）に対する認識の違いなどがある。また，コンフリクト問題の深刻度は，原因の重要度と頻度と組織的影響の強さを掛け合わせたものとなる。掛け合わせた結果が大きければ大きいほどコンフリクトはより深刻であり，放置できない。さらに，チャネル内のコンフリクトは主に2つのタイプがある。

・垂直的コンフリクト

　これは生産者と流通業者とのタテの関係間で生じる，取引条件などをめぐる衝突や争いのことを指す。例えば，メーカーが新商品を発売する際に，メーカー系列の販売店網（専売店）のみで販売を決定した場合，消費者はインターネット等で新商品情報を入手し，最寄りの量販店店舗に向かうが，そこにはその商品の取り扱いがない。消費者の不満と機会ロスに直面した量販店が不服としてメーカーに直訴し，衝突してしまうケースなどがある。

・水平的コンフリクト

　メーカー同士やチャネルメンバー同士のヨコの関係間で生じる衝突や争

いのことを指す。例えば，立地の近い異業態店舗間の過剰な価格競争による顧客の奪い合いや，フランチャイズビジネスにおける割当商圏内や隣接商圏での顧客の奪い合いのケース（小売業者間）などがある。また，取引先のチャネルメンバーを競合メーカーに買収され，販路を喪失してしまい，訴訟を起こすケース（メーカー間）もある。このような水平的衝突は流通チャネル全体のパフォーマンスを低下させるだけでなく，製品のブランド力や競争力まで低下させてしまうリスクがある。

　コンフリクトを解決する手段として，10-3-3)項で説明した「パワー」の行使がある。コンフリクトの発生要因，発生状況やタイプに合わせて，どのパワーが有効なのか検討し，解決に向けた糸口を探す。そのためには情報共有（人事交流や人材の派遣），経済的インセンティブの供与，規範策定，取引基準の見直し，第三者による仲裁・介入・調停などの具体的な方法が考えられる。

　流通チャネル内で少しでも優位に取引するためには，取引相手への依存度や依存内容を検証し，バランスを保つことが必要となる。例えば，A 社のB 社への依存度が高まれば，A 社に対する B 社の相対的パワーは増すことになる。B 社と取引することで得られる価値や便益がどの程度なのかを分析

図表 10-2　チャネル管理のプロセス

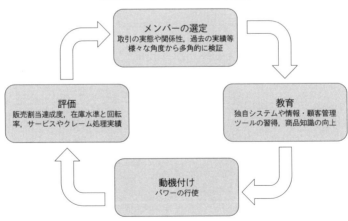

出典：筆者作成。

すれば，B社への依存度レベルが判断できる。B社への依存度が高すぎる場合，A社はB社との依存関係を弱める，あるいは新たにC社と連合を組んでB社に対抗するなどのリスク回避行動をとると考えられよう。

こうして，10-3）節で述べたチャネル管理のプロセスは，図表10-2のように表すことができる。

10-4）　最適なチャネル設計と管理を目指して

流通チャネルを設計し，標的顧客の求めるサービスを伴って製品を行きわたらせることは容易ではない。購入時期や状況によって標的顧客の求めるサービスは絶えず変化し，その一方で，選定されたチャネルメンバーも常に同じ質・タイプのサービスを供給し続けられるわけではない。

こうしたダイナミックな市場環境下では，生産者としては複数の流通業者と関係性を構築し，円滑に管理する必要が出てくる。ひとつのチャネル構造内に複数の流通業者が存在すれば，当然コンフリクトも生じやすくなる。チャネル設計が，自身の利益だけを求める独立した企業の集まりを前提にしていたものから，チャネルシステム全体の利益や効率化を推進するサプライチェーン・マネジメントのようなものへと進化してきたのも納得できるだろう。

現代の消費者は，様々な情報検索ツールを駆使する高い情報収集力と製品判断力を備えている。彼らを相手にビジネスを実践するためには，「生産者＝作る人」「流通業者＝売る人」という機能分化ではなく，柔軟かつ敏捷なパートナーシップの構築が必要となっている。

また，ICTの発展により流通チャネルの様々な側面がますます高度化している。ミレニアム（2000年）以前の消費者は，オンラインを介した情報収集や購買体験もなく，関連するサービス需要も存在していなかったが，いまやオンラインショッピングに付随するサービス提供の有無が購買を左右する時代になっている。したがって，標的顧客とのタッチポイント（接点）はこれまで実店舗中心に想定されていたが，オンライン上での顧客と製品（情

報）との出会いや購買体験が普及したことで，オムニチャネルやO2O（本章末コラム10参照）の仕組みをどのように設計するのか，新たな課題が生まれている。

（解説）
多様化するチャネル

　あやか：

先生，流通チャネルってなんだか難しいです。

　ジョージ：

僕はてっきり製品を運ぶことだと思っていました。どの流通業者に取り扱わせて消費者に製品を届けるかという販路の「設計」と「管理」のことだったんですね。

　あやか：

コカ・コーラはいろんなところで販売されている一方で，ルイ・ヴィトンのバッグを販売しているお店は限られているという製品のタイプによるチャネル設計の違いも理解しないとね。

　隈村先生：

売り手としては消費者の購買状況や頻度，製品のタイプに合わせて様々なチャネルを低コストで用意できれば最強なんだけどね。特に消費者がインターネットで製品情報を入手してオンラインで購買するようになると，店舗（オフラインと呼ぶ）に集客して購買させる仕組みだけでなく，オンライン上に新たな情報収集や購買の仕組み・仕掛けを作る必要が出てきます。

ではそれについて少し解説しましょう。実店舗だけでなく EC サイト・モバイルサイト（アプリ），ソーシャルメディアや電子メール・チャット，カタログなどといったチャネルを隔たりなくつなげて統合的な連携を図り，製品を検索，購入したり，ブランドと対話したりする顧客の能力を統合させる仕組みを，オムニチャネルといいます。オムニとは「全ての」と

いう意味です。この仕組みのポイントは，いかに売り手（生産者や流通業者）がオンライン，オフラインに関わらず多様な顧客との接点を作り出せるのかにあります。

　なお，よく似たマーケティング用語として「O2O」（オー・トゥ・オー）があります。これは「Online to Offline」の略称で，オンラインの仕掛け（ウェブサイト等）を使ってオフラインのチャネル（実店舗）に顧客を誘導するマーケティング施策のことを指します（例えば，お店で使える電子クーポンをアプリ上で発行するなど）。したがって，O2Oはオムニチャネルという仕組みのひとつと考えてよいでしょう。

　また，オムニチャネルでは売り手が多様な顧客との接点構築をオンラインとオフラインで展開することを意味しますが，さらにその仕組みの中で買い手の立場からシームレスな（継ぎ目のない）顧客体験価値の向上に主眼を置いた取り組みのことを「OMO」（オー・エム・オー：Online Merges with Offline）と呼ぶことがあります（例えば店員のアバターが店内の電子掲示板で接客対応するなど）。

 あやか：

　最近，私はほとんどスマホのアプリでしか洋服買わないけど，たまにお店に行くとスマホの購入履歴に基づくスタイリングの服を店員さんに勧められて，ドキっとしたことあったなぁ。

 ジョージ：

　僕のよく行くスーパーマーケットにはレジ機能端末の付いたショッピングカートがあって，手元で合計金額が分かるし，プリペイドカードで決済できるし，さらに限定クーポンまで出てくるんですよ。

 隈村先生：

　流通業界の最新の取り組みには驚かされますね。なお，オムニチャネル戦略を実践するうえでの重要な課題を3点挙げておきましょう。

・顧客情報・知識の蓄積と利用（様々な顧客接点から集めたデータの統合，分析，応用）

・技術の利活用（取引の安全性・利便性の向上と販売促進・広告の独創性向上。在庫効率向上や物流機能の高度化推進）

・チャネル間関係の管理と各チャネルの成果の検証（満足度やエンゲージメントの実態把握，顧客転換率の定量化）

 あやか：

　あらゆるチャネルを連携させて消費者の利便性向上に応えるためには，ICT の利活用やデータ管理がますます重要になってくるんですね。

第11章

販売促進戦略（1）
広告，パブリシティ，人的販売，セールス・プロモーション

　販売促進（Promotion）は，製品の存在や情報を顧客に伝える「コミュニケーション」のことであり，顧客に製品を購入してもらうことにつなげる活動といえる。マーケティングのことを，製品をPRすることであると捉えられることが多い。これまで説明したように，その活動に限定されないのがマーケティングではあるが，製品の存在を知らなければ，消費者はそもそもそれを購入しようとは思わず，顧客のニーズを捉えるためにも，顧客とのコミュニケーションは非常に重要なものといえる。

　それでは，まずコミュニケーションすなわち販売促進の手段にはどのようなものがあるのか，説明を行うこととしよう。

11-1）　販売促進の手段

　企業の顧客とのコミュニケーションすなわち販売促進の具体的な手段は，広告，パブリシティ，人的販売，セールス・プロモーション（SP：Sales Promotion）の4つになる。これら4つの手段を簡潔に説明すると，広告とは，費用を負担する広告主からの媒体を通じた製品情報の提供のことである。パブリシティとは，企業がマスコミなどの情報機関に製品情報を提供し，記事やニュース等で取り上げてもらうように働きかけることである。人的販売とは，販売員により顧客または見込み客に対して直接，口頭で行われる販売促進のことである。セールス・プロモーションとは，購入を促す短期的な販売促進の取り組みのことである。

　基本的には，広告とパブリシティは不特定の対象者に向けて行われるもので，セールス・プロモーションと人的販売は特定の対象者に向けて行われるものである。販売促進戦略では，これらをうまく組み合わせていくこと，すなわちプロモーション・ミックスが課題となる。具体的には，消費者の製品に対する需要を喚起するように，広告やパブリシティに重点を置いたプル戦略と，セールス・プロモーションや人的販売に重点を置き，直接相手に働きかけるプッシュ戦略を，同時に採用していくことになる。

　それでは，次から，販売促進の手段を個別に見ていくことにしよう。

11-2) 広告

　広告には，大別して，製品情報を提供する情報提供型広告，自社製品の優位性を主張する説得型広告，そして自社製品の忘却を阻止するリマインダー型広告がある。いずれの場合でも消費者が製品の存在を知り，同じような製品の中から購買を決定する際の有効な情報源となるのが広告である。コトラーは，広告を「明示された広告主によるアイデア，財，サービスの非人的な（媒体）提示とプロモーションであり，有料形態をとる」と定義している。このことから，①広告主の明示，②非人的な媒体の使用，③有料，が広告の条件といえる。媒体とはメディアのことであり，具体的には，テレビ，新聞，雑誌，ラジオ，屋外（看板），ダイレクトメール（DM），インターネット等である。

　テレビは受け身の媒体であり，関与度（顧客の興味・関心度合い）が低く，インターネットは，媒体を通じて情報収集や分析をするため，関与度が高い媒体であるといわれている。現在では，「クロスメディア」と呼ばれる，テレビ広告で製品を紹介し，その中で，詳細はウェブサイト（インターネット）で確認してほしいというメッセージを伝え，インターネットに誘導するという，それぞれの媒体の特性を活用した販売促進の手法がとられている。どの媒体に広告を掲載するかを考える際には，媒体の長所と短所を把握することが必要であり，下記の図表11-1のようにまとめることができる。

図表 11-1　広告媒体の長所と短所

媒体	長所	短所
テレビ	広い範囲をカバー 映像, 音声, 動きを伴う 露出毎は低コスト	対象者の選択が難しい 露出が短い 制作コストが極めて高い
新聞	広い範囲をカバー 高い信用度	読者が少ない メッセージが短命
雑誌	地理的・人口動態的変数のセグメント 高い信用度 長寿命	広告が出るまで長時間 掲載位置の保証なし 高コスト
ラジオ	地理的・人口動態的変数のセグメント 地域性 低コスト	音声のみ リスナー規模が小さい 露出が極めて短い
屋外	露出の反復 低コスト	対象者の選択不可能 情報が少ない
ダイレクトメール	対象者の絞り込み 情報量が多い	露出毎は高コスト
インターネット	対象者の選択 即時性 双方向性 低コスト	視聴者による露出のコントロール

出典：コトラー＆アームストロング＆恩藏（2014）, 和田・恩藏・三浦（2022）より作成。

11-2-1）広告計画と実施

　それでは次に具体的な広告計画とその実施について説明しよう。企業は広告に多くの費用をかけて取り組んでおり, 効果的なものとするためには, コトラーとアームストロングと恩藏によると, ①広告目的の明確化（Mission）, ②予算の設定（Money）, ③メッセージ・媒体の設定（Message/Media）, ④評価（Measurement）の, 4つの英語の頭文字がMで始まる段階を管理していかなければならないという。

　まず, 広告目的の明確化であるが, これは何のために広告を出すのかを明確にすることである。製品の認知向上のためであるのか, 売上高向上のためであるのか, 目的を明確にし, さらに数値目標を設定した具体的なもの, 例えば,「製品の認知度を60％にする」あるいは「売上高を2倍にする」とす

るのが望ましいといわれている。

　次に，予算の設定である。一般的には，支出可能な額の中で予算を設定する方法や，予想される売上高にある一定の比率を掛けて設定する方法，さらに競合企業の広告費に合わせて設定する方法などがある。

　そして，メッセージ・媒体の設定である。どのようなメッセージ（訴求内容）の広告にするのか，そしてどのような媒体を使用するのかについて決定を行う。この段階では広告の「ターゲット」を十分考える必要がある。メッセージは，アピールポイントと，ターゲットとなる顧客に対して便益（ベネフィット）を明確にしておかなければならない（本章末コラム 11 で，メッセージについての事例を説明しているので，確認してほしい）。そして，ターゲットに届くようにテレビ，新聞，雑誌，ラジオ等の媒体をどれくらいのウエイトで利用するのか（このことをメディア・ミックスという）決定しなければならない。その際，目的達成のための到達範囲（リーチ）と露出頻度（フリークエンシー）も決定しなければならない。到達範囲とは，一定期間に，ターゲットの何％が接触してくるのかということであり，露出頻度は，その期間でターゲットが何回接触してくるのかということである。媒体の特性（図表 11-1 参照）を十分考慮し，媒体の設定をする必要がある。

　最後に，評価の段階である。ここでは，広告効果はあったのかの評価を行い，次回以降の広告計画に活かすことが重要である。しかし，売上効果があったものについては，様々な要因（特に景気）が影響することもあり，広告効果の推定は非常に難しいといわれている。

11-2-2）　日本の広告費

　それでは，日本でどれくらいの額が広告に費やされているだろうか。日本の総広告費は，電通が毎年発表する「日本の広告費」によると，2021 年，年間 6 兆円を超え，マスコミ 4 媒体（テレビ，新聞，雑誌，ラジオ）で 2 兆円を超えている。企業は，非常に大きな費用を広告にかけていることが分かる。

　それでは図表 11-2 を見てみよう。これは，2005 年から 2021 年までの日

図表 11-2　日本の媒体別

広告費（億円）

	2005年	2006年	2007年	2008年	2009年	2010年	2011年
総広告費	68,253	69,399	70,191	66,926	59,222	58,427	57,096
マスコミ 4 媒体広告費	37,895	37,212	36,302	33,671	28,991	28,533	27,907
新聞	10,377	9,986	9,462	8,276	6,739	6,396	5,990
雑誌	4,842	4,777	4,585	4,078	3,034	2,733	2,542
ラジオ	1,778	1,744	1,671	1,549	1,370	1,299	1,247
テレビメディア	20,898	20,705	20,584	19,768	17,848	18,105	18,128
地上波メディア	20,411	20,161	19,981	19,092	17,139	17,321	17,237
衛星メディア関連	487	544	603	676	709	784	891
インターネット広告費	3,777	4,826	6,003	6,983	7,069	7,747	8,062
プロモーションメディア広告費	26,563	27,361	27,886	26,272	23,162	22,147	21,127
屋外	3,806	3,946	4,041	3,709	3,218	3,095	2,885
交通	2,463	2,539	2,591	2,495	2,045	1,922	1,900
折込	6,649	6,662	6,549	6,156	5,444	5,279	5,061
DM（ダイレクトメール）	4,313	4,402	4,537	4,427	4,198	4,075	3,910
フリーペーパー							
フリーペーパー・フリーマガジン	2,835	3,357	3,684	3,545	2,881	2,640	2,550
電話帳	1,192	1,154	1,014	892	764	662	583
POP	1,782	1,845	1,886	1,852	1,837	1,840	1,832
イベント・展示・映像等							
展示・映像等	3,522	3,456	3,584	3,196	2,775	2,634	2,406

注：2014 年からテレビメディアは，地上波メディアと衛星メディア関連の合計と区分し，2005
出典：電通サイト（https://www.dentsu.co.jp/news/item-cms/2022003-0224.pdf）より作

本の媒体別の広告費を示している。ここでは，プロモーションメディアを除く，マスコミ 4 媒体とインターネットの広告費の順位の変遷を見てみよう。テレビは，地上波メディアと衛星メディア関連を含んだものとする。

　2005 年の順位は，1 位テレビ，2 位新聞，3 位雑誌，そして 4 位にインターネットであり，2006 年から 2008 年の順位は，1 位テレビ，2 位新聞，3 位インターネットであった。そして，2009 年にインターネットの広告費が2 位になり（1 位はテレビ，3 位は新聞），その額は伸び続けて，2019 年にインターネットの広告費が 1 位（2 位はテレビ，3 位は新聞）となり，それ以降はそのままの順位となっている。2020 年は新型コロナウイルス感染症の拡大の影響があり年間の総広告費は 2019 年を大きく下回ったが，インターネットのみ前年の額を上回る結果であった。2005 年以降，インターネット

広告費（2005～2021 年）

2012年	2013年	2014年	2015年	2016年	2017年	2018年	2019年	2020年	2021年
58,913	59,762	61,522	61,710	62,880	63,907	65,300	69,381	61,594	67,998
28,809	28,935	29,393	28,699	28,596	27,938	27,026	26,094	22,536	24,538
6,242	6,170	6,057	5,679	5,431	5,147	4,784	4,547	3,688	3,815
2,551	2,499	2,500	2,443	2,223	2,023	1,841	1,675	1,223	1,224
1,246	1,243	1,272	1,254	1,285	1,290	1,278	1,260	1,066	1,106
18,770	19,023	19,564	19,323	19,657	19,478	19,123	18,612	16,559	18,393
17,757	17,913	18,347	18,088	18,374	18,178	17,848	17,345	15,386	17,184
1,013	1,110	1,217	1,235	1,283	1,300	1,275	1,267	1,173	1,209
8,680	9,381	10,519	11,594	13,100	15,094	17,589	21,048	22,290	27,052
21,424	21,446	21,610	21,417	21,184	20,875	20,685	22,239	16,768	16,408
2,995	3,071	3,171	3,188	3,194	3,208	3,199	3,219	2,715	2,740
1,975	2,004	2,054	2,044	2,003	2,002	2,025	2,062	1,568	1,346
5,165	5,103	4,920	4,687	4,450	4,170	3,911	3,559	2,525	2,631
3,960	3,893	3,923	3,829	3,804	3,701	3,678	3,642	3,290	3,446
							2,110	1,539	1,442
2,367	2,289	2,316	2,303	2,267	2,136	2,021			
514	453	417	334	320	294	266			
1,842	1,953	1,965	1,970	1,951	1,975	2,000	1,970	1,658	1,573
							5,677	3,473	3,230
2,606	2,680	2,844	3,062	3,195	3,389	3,585			

年に遡及して集計。
成（2022 年 9 月 1 日アクセス）。

のみ毎年，前年の額を上回り，継続的に高い成長率を維持している。そして，2021 年にはインターネットが 2 兆 7052 億円となり，マスコミ 4 媒体の総計 2 兆 4538 億円を初めて上回った。2009 年，2019 年，そして 2021 年の説明を行った媒体については，分かりやすくするために，図表 11-2 の中でグレーの塗りつぶしを行っている。

11-3) パブリシティ

　パブリシティとは，媒体のスペースに対して費用を払うことがなく，そのスペースを確保することである。例えば，製品の情報を発表するイベントを開催し，そこにマスメディア各社に参加して取材をしてもらい，ニュース番

組（テレビ）で紹介されることや，新聞や雑誌に記事が掲載されることである。パブリシティは，①媒体が情報提供を受けて，その内容と掲載を決定する，②原則無料，③第三者による情報ということもあり，受け手が信頼しやすい，という特徴がある。

11-4) 人的販売

　人的販売とは，主に販売員による顧客と直接的なやり取り，コミュニケーションを通じた販売のことである。具体的には，製品の情報を顧客に伝え，さらに購入してもらうことである。

　コトラーによると，人的販売のプロセスには7つの段階があるという。まず，①見込み客を発掘し評価する段階である。そして，見込み客となりそうな顧客の情報（ニーズや購入意思決定者等）を収集しておく，②事前アプローチの段階である。次に，顧客のニーズを探るために会話を行う，③アプローチの段階である。ここでは，よい印象を得るために外見や態度，話し方が重要となり，相手の話を聞く姿勢が課題となる。次に，④プレゼンテーションとデモンストレーションの段階である。ここでは製品情報を提供し，顧客のニーズに関わる問題を解決することを説明しなくてはならない。そして，それに対する反対意見が出てくることがあり，それに対処することを，さらなる製品情報の提供機会にし，反対意見を購入の理由に変化させることができる，⑤反対意見への対処の段階となる。次に，契約してもらい，購入してもらう，⑥成約の段階である。最後に，顧客満足を確かなものとし，再購入につなげる，購入後の⑦フォローアップの段階である。購入後しばらくたってから納品時に問題がなかったかについて連絡をする等が，その例である。

　人的販売は，顧客との長期的な関係の構築につながるものであるし，顧客と直接コミュニケーションを行うため，顧客の声を直に拾うことができる。顧客の声の中から製品開発のアイデアを得られることもある。

11-5）　セールス・プロモーション（SP）

これまで，販売促進の手段として，広告，パブリシティ，人的販売を説明
してきたが，セールス・プロモーションとは，適用される範囲が非常に広
く，広告，パブリシティ，人的販売を除いたもののことをいう。

セールス・プロモーションは，大きく，消費者向け，流通業者向け，企業
向けの3つに分類できる。

まず，消費者向けセールス・プロモーションとは，生産者（メーカー）が
消費者に対して行うものと，流通業者が消費者に対して行うものがある。サ
ンプル，クーポン，プレミアム，値引き，増量パック，イベント（独自開催
や他者開催のスポンサーの場合もある）等のことである。サンプルとは，
試供品のことである。クーポンとは一定の値引きの証書であり，現在では，
ウェブサイトに掲載されたり，スマホを介して配信されたりしている。プレ
ミアムとは，製品に付いてくる「おまけ」のことで，ノベルティと呼ばれる
こともある。例えば，プリキュアウエハースという人気キャラクターの焼菓
子に付いてくるカードや，音楽CDに付いてくるアーティストとの握手券が
それに該当する。

流通業者向けセールス・プロモーションとは，生産者（メーカー）が流通
業者に対して行うものである。流通業者が製品を広告したり，特別な陳列を
行った場合に報酬を支払うアロウワンス（第8章8-4）節で説明）や，価格
値下げや，返品保証がその例である。

企業向けセールス・プロモーションとは，企業顧客や販売店に対するもの
である。業界団体が主催するトレード・ショーやコンベンション（企業向け
製品見本展示会）や，ある期間の売上成績が優秀な販売店を表彰することが
その例である。

11-6）　販売促進手段の有効性

ここでは，これまでの説明をもとに，販売促進の有効性について，製品タ

イプ，そして消費者の購買行動を起こす段階という視点から説明してみよ
う。

11-6-1）製品タイプ

　和田と恩藏と三浦は，我々消費者が購入する消費財においては，販売促進
の手段としては，①広告，②セールス・プロモーション，③人的販売，④
パブリシティの順で重視されており，企業が企業から購入する生産財（産
業財）においては，販売促進の手段として，①人的販売，②セールス・プロ
モーション，③広告，④パブリシティの順で重視されていると指摘してい
る。製品によって（この場合は，消費財か生産財かで），販売促進の手段の
有効性は異なるということが分かる。

11-6-2）消費者の購買行動の段階

　通常，消費者はある製品やサービスに注意を払い（Attention），関心・興
味を持ち（Interest），欲しいという欲求が喚起され（Desire），最終的に購
買行動・行為（Action）につながることになる。このプロセスを各段階の英
語の頭文字から，AIDA モデルという。

　インターネットが利用されている現在は，消費者は製品やサービスに
注意を払い（Attention），関心・興味を持ち（Interest），情報を検索し
（Search），購買行動・行為し（Action），その後，製品やサービスについ
て，インターネット上，例えば Instagram，Twitter，Facebook 等で友人・
知人と情報を共有する（Share）という段階がとられることが多くなってい
る。このプロセスは，各段階の英語の頭文字から AISAS モデルと呼ばれて
いる。

　AIDA への販売促進の手段の有効性を考えてみると，Attention や
Interest や Desire の段階では広告，パブリシティが有効であり，Action の
段階では人的販売やセールス・プロモーションが有効であろう。

　また，AISAS への販売促進の手段の有効性を考えてみると，Attention
や Interest や Search の段階では，特にインターネット上の広告やパブリシ

ティが有効であろう。そして，実店舗での購入を前提とすれば，Action や
Share の段階でも人的販売やセールス・プロモーションが有効となろう。現
在は，事前にインターネットで製品情報等検索し，実店舗で製品を確認して
購入するという「ウェブルーミング」だけでなく，実店舗で製品を確認し
て，オンライン店舗で購入するという「ショールーミング」という消費行動
が生まれており，販売促進手段の有効性も変化していく可能性がある。

　以上のことから，製品タイプそして購入の段階に合わせた合理的なコミュ
ニケーションが重要となることが分かる。また，企業は，顧客が製品と接
触する全てのタッチポイント（接点）を認識し，これまで説明してきた
様々な販売促進の手段を組み合わせて，企業や製品について一貫したメッ
セージを伝えていく，統合型マーケティング・コミュニケーション（IMC：
Integrated Marketing Communication）の実践が非常に重要となっている
といえよう。

<table>
<tr><td>

コラム11
</td><td>

（事例）
メッセージ
</td></tr>
</table>

 あやか：

　第 11 章では，広告計画と実施の４つのMと消費者の購買プロセスである AIDA モデルの説明があったね。

 ジョージ：

　４つのMの中にメッセージの設定があったけど，これと，AIDA モデルと関係はないのかな？

 隈村先生：

　ジョージくんの指摘は鋭いですね。AIDA モデルをもとに，メッセージに求められることを考えてみましょう。

　コトラーとアームストロングと恩藏は，メッセージ（訴求内容）には，大きくは，性能訴求，情緒訴求，倫理訴求の３つがあることを指摘しています。ここではこれら３つはどういうもので，さらに，いかに利用されているかについて具体的な事例で考えてみたいと思います。ここで取り上げる事例は，花王が 1987 年に販売を開始した洗濯用洗剤の「アタック」です。2022 年９月現在，「アタック ZERO」「アタック抗菌 EX」「アタック泡スプレー除菌プラス」等，10 種類のブランドを展開しています。

　性能訴求とは，製品の品質や経済性などを示すメッセージが訴求となるものです。粉末タイプの「アタック」（2022 年現在は，アタック高活性バイオパワーという名称に変更されている）は，酵素によって汚れを洗浄することを，「スプーン１杯で驚きの白さに」というメッセージを使用し，スプーン１杯で白くなるという非常に分かりやすい性能について訴えています（最近は液体タイプのものが主流となっており，あまり見かけません）。

　次に情緒訴求ですが，これは消費者の感情に働きかけ，購買を動機付け

ることを目的としています。愛，喜び，幸福，驚き，感動，恐怖などを喚起させるメッセージによって訴求を行います。先ほどのアタックは，メッセージの中に「驚き」という言葉を挿入していますし，また以前の「アタックのギフト」のテレビCMでは，「白さが嬉しい贈り物」というメッセージとともに，家族が白くなった洗濯物の周りで幸せそうにしている状況を映していました。これは性能訴求のみならず，情緒訴求を取り入れたものであるといえるでしょう。

　倫理訴求では，消費者に適切さや正しさについて訴えます。現在では，環境問題への対応に用いられています。2019年に販売を開始した「アタックZERO」は，「最高の清潔力」という，抗菌やウイルス除去さらに洗濯槽防カビの性能を含んだ衣類の洗浄力について訴えています。それと同時に，すすぎは1回ですむから，節水節電を実現でき，容器には再生プラスチックを使用し，さらに製品の濃縮化・コンパクト化（プラスチック使用量の削減）によって輸送エネルギー（CO_2排出量）を削減している，といった環境への配慮についても訴えています。

　ジョージ：

　「アタック」の事例から，メッセージによって，消費者の注意（Attention）を引こうとしているのがよく分かりますね。

　隈村先生：

　企業にとっては，AIDAモデル全体に影響するメッセージであることが望ましく，3つの訴求内容を含んだものであれば，その可能性は高くなるといえるでしょう。

第12章
販売促進戦略（2）
新たなコミュニケーション

　顧客といった場合，できるだけ大きく捉えたマス市場として製品を販売していくことの方が企業にとって効率的である。そのため，テレビ，新聞，雑誌，ラジオといった多くの人に多くの情報を届けるマスメディアを利用したコミュニケーションがとられてきた。第11章で説明したように，企業はマスメディアに大きな費用をかけて，顧客にアプローチしてきたのだ。

　しかし，日本では，2009年にインターネットの広告費が2位になり，2019年にそれが1位になったことからも分かるように，現在では，インターネットというメディアによるコミュニケーションが主流となっている。第11章でもインターネットのことに触れて販売促進戦略を説明したが，本章では，インターネットを活用したコミュニケーションを新たなコミュニケーションとして捉え，それを中心に説明していくこととする。

12-1）　コミュニケーションの変化

　近年，企業の顧客に対するアプローチに変化が起きている。コトラーとアームストロングと恩藏が説明するように，顧客の変化と，ICTの進展を，その要因として挙げることができる。

　顧客の変化とは，顧客のニーズが多様化したことである。企業は，範囲が大きなマス市場ではなく，範囲を限定したマイクロ市場（究極は顧客一人ひとりに対応）として，顧客にアプローチするようになっている。

　そして，ICTの進展，具体的にはインターネットの登場と普及によって，

簡単に情報交換が可能となった。これまで，企業から顧客への情報は，テレビなどのマスメディアからの一方向的的のものが基本となっていた。マスメディアは1対多数の情報伝達が可能であり，小さな声が大きな声となるメガエフェクトという特徴がある。一方，インターネットは，誰もが利用でき，1対1，1対多数，さらに多数対多数での情報伝達を可能とする。

　インターネットを介して，企業は顧客と双方向のコミュニケーションがとれるようになっており，企業は顧客の声を直接聞くことが比較的容易になっている。多くの企業は，顧客の声を取り入れ，それを利用することが重要課題となっている。例えば，新製品開発プロセスの初段階から企業と顧客が双方向のコミュニケーションをとり，製品開発を進めていくユーザーイノベーションという動きが出てきている。

　また，顧客同士も，双方向のコミュニケーションがとれるようになっている。口コミなどもインターネット上で活発に行われている。口コミがインターネット上で行われ，その情報伝達はマスメディアを凌駕するようになっている。このインターネット上の口コミのように，顧客自身が生み出すコンテンツのことを，現在，UGC（User Generated Contents）すなわちユーザー生成コンテンツと呼んだりする。顧客はインターネット上の口コミをもとに，製品の選択判断を行うことも非常に多くなっており，インターネットが顧客の購買行動に大きな影響を与えている。逆に，そういった口コミを上

図表 12-1　情報の流れ

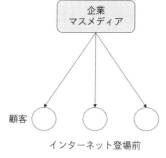 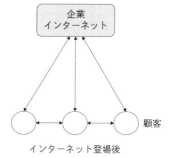

出典：筆者作成。

手に利用することが企業にとって課題となっているともいえよう。

　情報の流れという視点で上記のことを捉えると，企業と顧客の間という，いわば縦（垂直）の情報の流れは，インターネット登場前は基本的にはマスメディアを通じた一方向的なものであったが，インターネットの登場によって，それは双方向に変化し，さらに顧客と顧客の間という，いわば横（水平）の情報についても双方向の流れが生じている（図表12-1参照）。

12-2）　オピニオンリーダー

　口コミを行い，他人の購買に強い影響力を持っている人をオピニオンリーダーと呼ぶ。現在では，オピニオンリーダーを，ネットワーカー，パワーユーザーあるいはインフルエンサーと呼ぶことがある。

　それでは，オピニオンリーダーはどのような特徴を持っているのであろうか。オピニオンリーダーは，製品やサービスの情報の蓄積を楽しむという認知関与が非常に高い。また豊富な情報を持っている専門家でもあり消費者でもあるため，中立的な立場からの情報としての信頼性が高く（精度は別問題），口コミを通じて他人の行動に大きな影響を与えている（本章末コラム12参照）。

　次にそういった属性ではなく，ネットワーク（つながり）上の存在という点でオピニオンリーダーの特徴について説明してみよう。集団のネットワーク，すなわち直接の関係のネットワークにおいて，ある人がどれくらい多くの関係を持っているのかということを「次数中心性」という。また集団のネットワーク間において，つながりを多く持つことを「媒介中心性」という。基本的には，媒介中心性が高い人がオピニオンリーダーであるといわれている。例えば，図表12-2に示されているように，AさんとBさんとCさんの間での直接の関係を見てみると，Cさんは，AさんとBさんより直接の関係は多く，次数中心性が高いといえ，集団のネットワーク間のつながりで見てみると，Bさんは，Aさんの集団のネットワークとCさんの集団のネットワークをつないでおり，媒介中心性が高いといえる。この場合，Bさ

図表 12-2　オピニオンリーダーの位置

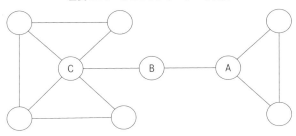

出典：水越（2018）より作成。

んがオピニオンリーダーの位置にあるといえる。もちろん，媒介中心性と次数中心性の両方が高いオピニオンリーダーが存在する場合もある。

　上記のことから，例えば，後に説明するソーシャルメディアにおいてフォロワー数の増加のみが重要というわけではないことが分かる。直接の大きなネットワークを持った次数中心性が高い人と，ネットワークとネットワークをつなぐオピニオンリーダーのような媒介中心性が高い人とのつながりによって，情報を効率的に伝達させることができる。そのようなネットワークの構造の構築こそが，インターネットを介したマーケティングでは重要となるといえる。

　インターネットを介した企業と顧客とのコミュニケーションを，オンライン・マーケティングあるいはデジタル・マーケティングともいうが，ここではそれらをまとめてインターネット・マーケティングと呼ぶことにする。

　そして本章では，記事を投稿し蓄積するブログ，Facebook や Instagram や Twitter さらに TikTok 等の SNS（ソーシャルネットワーキングサービス），YouTube 等の動画共有サイト，LINE 等のメッセージングアプリといったインターネットを介した，顧客と企業の双方向のコミュニケーションが可能となっているソーシャルメディアに焦点を当てる。日本国内のソーシャルメディアの利用者は，インスタラボサイトによると（2022 年 7 月発表），例えば，LINE は 9000 万人，YouTube は 6500 万人，note（ブログ型）は 6300 万人，Twitter は 4500 万人，Instagram は 3300 万人，Facebook は 2600 万人，TikTok は 1690 万人いるという。

　それでは，水越の議論をもとに，具体的な販売促進としてのインターネット・マーケティングについて説明を行っていくこととしよう。

12-3）販売促進としてのインターネット・マーケティング

　具体的にどのように，販売促進としてのインターネット・マーケティングを実行していくべきであろうか。実行するうえでまず初めに行うのは計画であり，その後は実施となる。第11章の中の広告計画と実施で説明したように，計画と実施というのが販売促進としてのインターネット・マーケティングのプロセスとなる。ここで説明するものは，基本的には，第11章11-2-1)項で説明した広告計画と実施の内容（4つのM）に準じたものである。

12-3-1）計画

　まず計画の初めに行うことは，目的設定であるが，その際に企業の理念やビジョンレベルの大目標を再確認し，何のためにインターネット・マーケティングを行うのかを考える必要がある。そして環境分析，具体的には第2章で説明を行ったSWOT分析によって，どういう方向性があるのかについて検討することができ，インターネット・マーケティングを行う具体的な目的を設定することができるようになる。第11章で説明した広告計画では，目的設定の前にSWOT分析を行うことについて説明しなかったが，広告計画でもSWOT分析を行えば，より洗練された目的を設定することができる。

　目的設定の後は，予算の設定である。予算は広告費用の一定割合で設定する方法，競合企業に合わせた方法などがある。既に説明した通り，現在，企業は，大きな費用をインターネットにかけている。

　予算の設定の後は，メッセージ・媒体の設定である。メッセージ，この場合，発信情報の内容すなわちコンテンツについては，次の12-4)節で説明する。この段階では，地理的変数（地域等），人口動態的変数（年齢，性別，職業等）や，心理的変数（ライフスタイル等），行動変数（使用頻度等）等を用いて（第3章参照），顧客を誰にするのか，すなわちターゲットを決定

することになるが，ソーシャルメディアでは，匿名性やインターネット（オンライン）上での人格であるバーチャル・アイデンティティ（現実世界ではなく，オンライン上で現れる性格・人格）を考慮する必要がある。インターネットの利用は，位置情報や行動履歴（購買や投稿）の情報（データ）を得ることが可能であり，事前にそういったものを得ている場合は，それらを有効に活用していく必要がある。そして，具体的なソーシャルメディアの媒体の選択で参考になるのが，現実世界すなわちオフラインのつながりを前提としたソーシャルグラフと，オフラインとオンライン問わず興味関心のつながりを前提としたインタレストグラフによるソーシャルメディアの分類である。ソーシャルグラフの強い順は，① LINE →② Facebook →③ Instagram →④ Twitter →⑤ブログ→⑥ YouTube →⑦レビューサイトの順といわれており，インタレストグラフの強い順は，ソーシャルグラフの逆で，①レビューサイト→② YouTube →③ブログ→④ Twitter →⑤ Instagram →⑥ Facebook →⑦ LINE といわれている。これらのことが意味していることは，どういった内容の情報を伝えるかによって，最適なソーシャルメディアが異なっているということである。

12-3-2）　実施

　EC サイトを自社が運営していない場合，計画段階で設定した認知度向上や売上高向上といった目的では，直接的な成果を測定することが困難な場合がある。そこで，ソーシャルメディア上の再生数やクリック数，いいね数やリツイート数やシェア数や保存数，フォロワー数の増加，投稿に対するコメントの内容さらにそのネガティブ数・ポジティブ数，リーチ数（投稿を見た人の数）やインプレッション数（ユーザーの画面に表示された数），インフルエンサーの反応等を成果指標として設定することがある。これらの成果指標を決定したうえで，後は，その計画を実施していくことになる。

　実施の段階では，実際に情報を発信した後には，短い期間で成果指標をもとにそれを評価し，改善していく，よくいわれる高速 PDCA（Plan-Do-Check-Action）サイクルを回していく必要がある。双方向性のあるメディア

であるため，インタラクション，具体的には顧客への早急な対応というものが企業に求められているからである。またそれを継続的に行っていく，継続性が重要である。そのことによって，企業や製品の認知・イメージの定着・向上につながり，ブランディングに貢献していくことになる。

　上記のように，実施の際には，「高速性」「継続性」が求められるため，その実行を担う組織，企業ではソーシャルメディアを活用する専門的なチーム（グループ）を編成し，運営していくことが必要である。また，ソーシャルメディアは，双方向のコミュニケーションを可能とするメディアであるため，必要に応じてインタラクションをとることになり，そのために，ルールや手順が必要になり，運営ポリシーを事前に策定しておく必要がある。

12-4）　バズる

　販売促進としてのインターネット・マーケティングの実行について説明を行ったが，本章の最後に，どういったコンテンツによって流行をつくっていくのか，いわゆる「バズる」（噂話でザワザワ・ガヤガヤするという意味の英語の buzz に，るを付けて日本語化した表現）のかについて説明してみよう。

　「バズる」ためには，グラッドウェルの小さな変化から大きな変化になる時点を意味する「ティッピング・ポイント」の議論をもとにした水越によると，少数者の法則，粘りの要素，背景の力の3つが必要であるという。まず，少数者の法則とは，オピニオンリーダーのことであり，オピニオンリーダーから発信される情報というのが鍵となる。次に，粘りの要素とは，コンテンツ（内容）の面白さや話題性のことであり，当たり前であるが面白さや話題性がなくてはならないということである。そして，背景の力とは，粘りの要素を支える，時代の風潮（はやり）のことである。これら3つは，「バズった」結果論的な要素ともいえるが，「バズる」ためには，これらのことを踏まえたコンテンツを作成していくことが課題となるといえよう。

　また，双方向のコミュニケーションがとれるということから，販売促進として顧客とのインタラクションを活用する手法が有効である。企業側が，

ハッシュタグ（＃）を設定し，そのハッシュタグのついた顧客側の投稿
（UGC）をリポスト（他ユーザーの投稿をタイムライン上に再投稿）するこ
とやウェブサイトで紹介することで，企業は意図的に UGC を促すことがで
き，ソーシャルメディア上での自社の販売促進となるというメリットが生じ
る。顧客にとっても，自身の投稿を企業によって拡散してもらうことになる
というメリットが生じる。ファッションブランドの GU の「＃GU コーデ」
や旅行代理店の HIS の「＃タビジョ」が，その例である。

　ソーシャルメディアでは，情報は発信側の思うように伝わっていかず，さ
らに意図通りではない伝わり方が生じることがある。ポジティブに受け取ら
れる場合は，上記のように「バズる」ことがあるが，ネガティブに受け取ら
れる場合は「炎上」となってしまうので，この点は注意が必要である。

　人々は，自分は何者かというアイデンティティを構築するために情報を利
用し，自己表現しているため（このことをアイデンティティ・プロジェクト
と呼ぶ），投稿者のアイデンティティに関する記述を含む投稿は高く評価さ
れるといわれている。このことは，企業側から発信される情報であっても，
プライバシーに配慮した個人的な情報（アイデンティティ）を含んだもの
は，評価されるということである。また，「炎上」と関連するが，ネガティ
ブな情報ほど信憑性があると受け取られ拡がりやすく，情報は単純化され誇
張されるという側面があることも十分理解しておく必要がある。

　これらのことを踏まえて企業は情報発信を行い，既に説明したような改善
を行いながら，対応していかなければならない。

　これまで，販売促進としてのインターネット・マーケティングについて説
明してきたが，インターネットがマーケティングに与える影響を考えてみる
と，顧客との双方向のコミュニケーションがとれることを活かして，顧客と
のインタラクションを自社のマーケティング・ミックス（製品，価格，流
通，販売促進）に反映していくことが課題となっているといえよう。

コラム12　（解説）
オピニオンリーダーとネットワーカーの特徴

　あやか：

　口コミを行うオピニオンリーダーは，ある製品等のことについての情報に精通していて，その情報を他人に話したりするという特徴があると，本章で説明があったね。

　ジョージ：

　うん，それ以外にどういった特徴があるのか，さらに興味があるね。

　隈村先生：

　オピニオンリーダーの属性に興味があるんですね。実際にオピニオンリーダーであるかどうかは，オピニオンリーダー尺度によって計測することが可能です。図表コラム 12-1 に示される質問項目によって，オピニオンリーダーかどうかが分かります。

　この質問項目から分かるように，製品等の情報を他人に話すだけでなく，他人から聞かれるというのも，オピニオンリーダーの特徴といえるでしょう。

　最近ではインフルエンサーともいわれる，インターネット上のオピニオンリーダーであるネットワーカーも注目されています。ではネットワーカーは，どのような特徴があるのでしょうか？

　インターネット上では，双方向のコミュニケーションが可能であることから，情報の発信と受信（収集）の能力が高い必要があり，またインターネット上は情報量が非常に多いため，その処理能力が高くなくては，オピニオンリーダーとしての役割を十分担うことはできません。したがって，ネットワーカーとしての特徴は，情報発信能力，情報収集能力，情報処理能力が高いということになります。実際にネットワーカーであるかどうか

図表コラム 12-1　オピニオンリーダー尺度

製品等＿＿＿＿＿に関して，あなたと友人知人との関係について，当てはまるものを選択してください。

1．あなたは，友人知人によく＿＿＿＿＿の話をしますか？
　　全くしない　－　非常によくする

2．あなたは，友人知人と＿＿＿＿＿の話をするときにはどのような立場ですか？
　　提供する情報はほとんどない　－　非常に多くの情報を提供する

3．過去 6 カ月の間に＿＿＿＿＿について，どのくらいの人に話をしましたか？
　　誰にもしていない　－　非常に多くの人に話をした

4．友人知人と比べて，あなたは＿＿＿＿＿についてどのくらい質問されますか？
　　全く質問されない　－　非常によく質問される

5．＿＿＿＿＿について友人知人と話をするとき，あなたはどのような立場ですか？
　　友人知人が話す　－　あなたが話す

6．＿＿＿＿＿について，あなたは友人知人からアドバイスを求められますか？
　　全くない　－　非常によく求められる

出典：杉本（1997）より作成。

は，ネットワーカー尺度によって計測することができます。具体的には，図表コラム 12-2 に示される，情報発信能力と情報収集能力と情報処理能力に関する質問項目によって，ネットワーカーかどうかを判断できます。

　以上のことから，これまでのオピニオンリーダーは，特に情報の発信力が重視されてきましたが，新しいインターネット上のオピニオンリーダーは，多様な考え方や価値観を認め，情報を収集し，処理し，発信していくことが重視されるということが分かります。

　また，最近のインターネット上の口コミ（eWOM）研究では，情報収集行動（opinion seeking）と情報発信行動（opinion giving）に加えて，ネットワーカーの情報伝達行動（opinion passing）も，その特徴として取り上げられています。

図表コラム12-2　ネットワーカー尺度

情報発信能力に関する質問項目
1．話題や情報を人に正確に詳しく伝える
2．話題を広めたり、物事を人に薦めたりする
3．グループの中でリーダー役を務める
情報収集能力に関する質問項目
4．必要な情報を自分自身で集める
5．人の話の聞き役や相談役になる
6．様々な人と幅広く付き合う
情報処理能力に関する質問項目
7．物事を決断したり、問題を解決したりする
8．話題や考え方を自分なりに工夫して表現する
9．考えの異なる人の意見を取りまとめる

出典：杉本（1997）より作成。

あとがき

　本書では，企業活動とマーケティングの役割についてまず説明し，マーケティング戦略をマーケティングの実行体系として捉え，マーケティングの方向性を選択したうえで，セグメンテーション，ターゲティング，ポジショニング（STP）を行い，製品戦略，価格戦略，流通戦略，販売促進戦略からなるマーケティング・ミックス（4P）を実施することの説明を行った。

　読者の中には，STP からマーケティング・ミックスの流れはすっきりと理解できていても，マーケティング・ミックスを構成する要素すなわち 4P は，それぞれ個別の説明であったため，4P 間の関係性をすっきりと理解できていない方もいるかもしれない。そこで，この「あとがき」は，4P 間の関係性を説明する補論的な役割を担うものとさせていただきたい。

　それでは，例として，製品が市場に導入され成長し成熟し衰退するまでを示した第 5 章 5-4) 節で説明した製品ライフサイクルをもとに，各期間の状況に応じて，どのように 4P が方向付けられるかについて説明を行ってみよう。

　図表あとがき 1 は，基本型となる製品ライフサイクルと各段階の特徴や戦略課題，そしてマーケティング・ミックスをまとめたものである。それでは，各段階のマーケティング・ミックスについて簡潔に説明してみよう。

　導入期では，製品を市場に認知させることが主要課題であり，マーケティング・ミックスの中心は販売促進戦略である。

　成長期では，市場浸透価格（低価格）や流通チャネルの拡大など，マーケットシェア（市場占有率）の最大化につながるものが採用される。

　成熟期では，リピーター，さらに他社製品からの乗り換え客を取り込んだシェア維持が主要課題であり，製品戦略として，ニーズをきめ細かく捉えた製品アイテムの多様化や拡張が起き，ロイヤルティ（忠誠心）獲得に向けた

図表あとがき1　製品ライフサイクルとマーケティング・ミックスの連関性

	導入期	成長期	成熟期	衰退期
売上	低	急成長	ピーク	低下
コスト	高	平均	低	低
利益	マイナス	上昇	高	低下
競合企業	ほとんどなし	増加	横遣い	減少
戦略課題	認知と試用	シェア最大化	シェア維持と利益最大化	支出削減とブランド収穫
製品戦略	基本的製品	製品拡張,サービスと保証の提供	ブランドと製品の多様化	弱い製品の削減
価格戦略	コスト・プラス法	市場浸透価格	競合対応	価格低下
流通戦略	選択的	開放的	より開放的	選択的,店舗の閉鎖
販売促進戦略	認知と試用(初期の購買者向け)	認知と試用(大衆消費者向け)	ブランド優位性強調,促進手段拡大	コア顧客維持の必要水準まで削減

（マーケティング・ミックス（4P）は製品戦略・価格戦略・流通戦略・販売促進戦略の行をまとめる縦書きラベル）

出典：コトラー（2001）より作成。

販売促進戦略が求められる。

　衰退期では，市場からの撤退の時期などが戦略課題になり，この頃には，次の新製品が投入されることになる。

　上記のことから，マーケティング・ミックスを構成する4つのPは戦略的な課題を達成するために，複合的に展開されていることが分かる。4Pは漠然とバラバラに実行したのでは意味がなく，複合的に展開し，市場（競争の状況）に応じて変化させる必要がある。さらに重要なことは，ポジショニングと一貫性のある4Pの実行である。

　読者は，これまでの説明と図表あとがき1で，4Pの戦略間の関係性や連

動性もすっきりと理解していただけたのではないだろうか。

　本書は，「はしがき」から「あとがき」まで持て余すことなく，大学の授業（予習復習含む）で使用できることを念頭に，マーケティングの学習の順次性を考慮し，執筆された。大学の授業のテキストとして，そのままの順序で使用できる。またビジネスパーソンの方であっても，本書を章立て通りに読み進めれば，マーケティング戦略を体系的に学ぶことが可能であると信じている。

　本書を大学の授業のテキストとして使用する際は，「はしがき」は，マーケティング実行体系を示している図表はしがき1「本書の構成」を，授業の導入時に，授業の全体像説明として使用していただき，「あとがき」は，授業のまとめとして是非使用していただきたい。

　最後に，本書で，理論や分析方法を学んだ後は，是非それを実践していただきたい。第1章末コラム1で解説したが，「知っている」から「使える」ようになるために，事例分析を行うことは有効である。また，近年多くの大学で，企業等と連携し，実際の課題にプロジェクトとして取り組むPBL（Project Based Learning）授業が導入されてきている。両著者は，これまでゼミナールや演習授業で，積極的にPBLを導入してきた。PBLとは，問題を発見し解決する問題解決型学習のことであり，学生は過去の自分の学びを基礎とし，それを応用し発展させる形で主体的に学ぶ。本書で学んだことをもとに，マーケティングに関連するPBLに取り組めば，マーケティングの実践的な能力を得ることができるはずである。また，マーケティング自体が実践的な学問分野であり，PBLとの親和性が高く，マーケティングを学ぶ楽しさというのを肌で感じてもらうこともできるはずである。

　そして，ビジネスパーソンの方には，本書で学んだことを日々の業務（実践）に反映していただくことができれば，望外の喜びである。

参考文献

青木幸弘編（2015）『ケースに学ぶマーケティング』有斐閣。

アーカー，D. A.（1994）『ブランド・エクイティ戦略』（陶山計介・中田善啓・尾崎久仁博・小林哲訳）ダイヤモンド社。

アンソフ，H. I.（1969）『企業戦略論』（広田寿亮訳）産業能率短期大学出版部。

コトラー，P.（2001）『コトラーのマーケティング・マネジメント ミレニアム版』（恩藏直人監修／月谷真紀訳）ピアソン・エデュケーション。

コトラー，P.（2017）『コトラー マーケティングの未来と日本』（鳥山正博監訳解説・大野和基訳）KADOKAWA。

コトラー，P. ＆アームストロング，G.（2003）『マーケティング原理 第9版』（和田充夫監訳）ダイヤモンド社。

コトラー，P. ＆アームストロング，G. ＆恩藏直人（2014）『コトラー，アームストロング，恩藏のマーケティング原理』丸善出版。

コトラー，P. ＆ケラー，K. L.（2008）『コトラー＆ケラーのマーケティング・マネジメント 基本編 第3版』（恩藏直人監修／月谷真紀訳）ピアソン・エデュケーション。

杉本撒雄編（1997）『消費者理解のための心理学』福村出版。

鈴木典比古（1988）『多国籍企業経営論』同文舘出版。

鈴木安昭・東伸一・懸田豊・三村優美子補訂（2016）『新・流通と商業 第6版』有斐閣。

西川英彦・澁谷覚編（2019）『1からのデジタル・マーケティング』碩学舎。

兵頭太夢（2002）『ゼロからわかるマーケティング』日本実業出版社。

ポーター，M. E.（1995）『新訂 競争の戦略』（土岐坤・中辻萬治・服部照夫訳）ダイヤモンド社。

水越康介（2018）『ソーシャルメディア・マーケティング』日経文庫。

矢作敏行（1996）『現代流通』有斐閣。

ロジャース，E. M.（2007）『イノベーションの普及』（三藤利雄訳）翔泳社。

和田充夫・恩藏直人・三浦俊彦（2022）『マーケティング戦略 第6版』有斐閣。

索　引

著者紹介

隈本　純（くまもと・じゅん）

1967 年福岡県生まれ。国際基督教大学教養学部社会科学科卒業。証券会社勤務を経て，国際基督教大学大学院博士前期課程・博士後期課程修了。博士（学術）。
東海大学政治経済学部教授を経て，現在，東洋学園大学現代経営学部教授，国際教養大学客員教授。
専門分野：マーケティング，消費者心理学

村中　均（むらなか・ひとし）

1976 年鳥取県生まれ。千葉大学法経学部経済学科卒業。国際基督教大学大学院博士前期課程・博士後期課程修了。博士（学術）。
東海大学総合経営学部講師を経て，現在，常磐大学総合政策学部教授。
専門分野：マーケティング，国際ビジネス

すっきりわかる マーケティング戦略

2023 年 1 月 31 日　第 1 版第 1 刷発行　　　　　　　　検印省略

著　者	隈　本　　　純
	村　中　　　均
発行者	前　野　　　隆
発行所	株式会社 文　眞　堂

東京都新宿区早稲田鶴巻町 533
電　話　03（3202）8480
ＦＡＸ　03（3203）2638
http://www.bunshin-do.co.jp/
〒162-0041 振替00120-2-96437

製作・モリモト印刷
© 2023
定価はカバー裏に表示してあります
ISBN978-4-8309-5202-9　C3034